国际教育行业发展报告

2022—2023

中国教育学会国际教育分会
顶 思 国 际 教 育 研 究 院　　主编

外语教学与研究出版社
FOREIGN LANGUAGE TEACHING AND RESEARCH PRESS
北京 BEIJING

图书在版编目（CIP）数据

国际教育行业发展报告．2022—2023 / 中国教育学会国际教育分会，顶思国际教育研究院主编．-- 北京 ：外语教学与研究出版社，2023.11
ISBN 978-7-5213-4907-8

Ⅰ．①国… Ⅱ．①中… ②顶… Ⅲ．①国际教育－发展－研究报告－2022—2023 Ⅳ．①G51

中国国家版本馆 CIP 数据核字（2023）第 211657 号

出 版 人　王　芳
项目策划　李　晶　张　妍
责任编辑　姜丁莞
责任校对　夏洁媛
封面设计　覃一彪
出版发行　外语教学与研究出版社
社　　址　北京市西三环北路 19 号（100089）
网　　址　https://www.fltrp.com
印　　刷　三河市紫恒印装有限公司
开　　本　650×980　1/16
印　　张　11.5
版　　次　2023 年 12 月第 1 版　2023 年 12 月第 1 次印刷
书　　号　ISBN 978-7-5213-4907-8
定　　价　79.00 元

如有图书采购需求，图书内容或印刷装订等问题，侵权、盗版书籍等线索，请拨打以下电话或关注官方服务号：
客服电话：400 898 7008
官方服务号：微信搜索并关注公众号“外研社官方服务号”
外研社购书网址：https://fltrp.tmall.com

物料号：349070001

记载人类文明
沟通世界文化
www.fltrp.com

编　者

编　　委： 张东升　苑大勇　徐康乐

编写团队： 马晓平　李东玉　王小栋　巫　锐
李　成　付沿名　熊恩顺

前　言

2023年5月29日，习近平总书记在中共中央政治局第五次集体学习时指出，“要完善教育对外开放战略策略，统筹做好‘引进来’和‘走出去’两篇大文章，有效利用世界一流教育资源和创新要素，使我国成为具有强大影响力的世界重要教育中心。要积极参与全球教育治理，大力推进‘留学中国’品牌建设，讲好中国故事、传播中国经验、发出中国声音，增强我国教育的国际影响力和话语权。”

我国政府高度重视教育的对外开放与国际教育合作。加快教育对外开放，建设高质量教育体系，发展素质教育，坚持高中阶段学校多样化发展，引导规范民办教育发展等都成为教育高质量发展的重要内容。我国政府主动加强同世界各国的互鉴、互容、互通，争取更全方位、更宽领域、更多层次、更加主动的教育对外开放格局。经过多年发展，我国国际化特色学校已初具规模，成为我国教育体系不可分割的组成部分。随着国内外教育国际化形式的不断转变，国际教育办学与国际教育交流合作挑战与机遇并存。在多方共同参与下，不同区域国际化特色学校呈现不同的发展趋势。此外，作为国际理解教育以及全球胜任力教学实践的先行者，国际化特色学校在全球胜任力教学方面提供了丰富的案例，为我国探索全球胜任力培养贡献经验与智慧。

我国国际教育领域的政策也在不断调整和完善。近几年，《民办教育促进法实施条例》修订实施，《高等学校国际学生勤工助学活动管理办法》《外籍教师聘任和管理办法》等政策陆续出台，这些举措为我国国际教育行业发展提供了基本指引。

本书是中国教育学会国际教育分会和顶思国际教育研究院合作的成果。中国教育学会国际教育分会自2021年成立以来，致力于中国基础教育领域重要的国际教育学术研究、交流和成果推广，为国际教育行业规范提供指导。顶思国际教育研究院多年来一直致力于国际教育行业的研究和实践，已经成为中国国际教育行业的专业智库和资源库。中国教育学会国际教育分会与顶思国际教育研究院开展深度合作，回顾和梳理2022–2023年国际教育领域的理念、政策和实践，对国际教育领域的行业宏观环境、相关数据、行业特点以及人才培养实践等方面进行深刻分析，总结和展望未来国际教育行业发展趋势。期待本书可以加深国际教育行业同仁的认识，并成为未来国际教育领域发展的引领性专业报告。

编者

2023年7月30日

目　录

第一章 国际教育发展的新环境与新征程

一、政策环境分析

党的十九大以来，习近平总书记多次指出，“当今世界正经历百年未有之大变局”[1]。国际环境错综复杂，世界经济陷入低迷期，逆全球化、单边主义、保护主义思潮暗流涌动等对我国教育行业的国际化发展造成了严重的影响。为此，《教育部 2021 年工作要点》（简称《2021 要点》）中明确提出，将“加快和扩大新时代教育对外开放，优化全球布局，加强人才培养和科研国际合作，推动教育对外开放高质量、内涵式发展”[2]作为目标任务之一。《教育部 2022 年工作要点》（简称《2022 要点》）中也明确提出，“深化改革扩大开放，持续为教育发展注入强大动力”[3]。

需要强调的是，本章所提及的“教育国际化”借鉴了 Jane Knight 对教育国际化的定义，在广义层面将其定义为，在国家、部门或机构、国际组织层面，将国际化、跨文化和全球化等维度纳入教育领域的目的、功能和推广过程[4]。因此，本章的教育国际化涵盖了“国际教育”“教育对外开放”“中外合作”“海外教育”“跨境合作”等相关概念。

1. 中国教育国际化发展布局

“推进高水平教育对外开放”是《2021 要点》和《2022 要点》的核心

[1] 求是网．百年未有之大变局，总书记这些重要论述振聋发聩［EB/OL］.（2021-08-27）［2022-01-04］. http://www.qstheory.cn/zhuanqu/2021-08/27/c_1127801606.htm.

[2] 教育部．教育部 2021 年工作要点［EB/OL］.（2021-02-04）［2023-05-28］. https://www.gov.cn/xinwen/2021-02/04/content_5584796.htm.

[3] 教育部．教育部 2022 年工作要点［EB/OL］.（2022-02-08）［2023-05-28］. http://www.moe.gov.cn/jyb_sjzl/moe_164/202202/t20220208_597666.html.

[4] Knight, J. Updated Internationalization Definition [J]. International Higher Education, 2003, 33: 2-3.

内容，也是我国教育国际化发展的新要求，旨在提升中国教育国际化发展质量及影响力。《2021 要点》在目标层面指出了“要加快和扩大新时代教育对外开放，优化全球布局，加强人才培养和科研国际合作，推动教育对外开放高质量、内涵式发展”[5]。《2022 要点》进一步强调了“深化改革扩大开放，持续为教育发展注入强大动力”[6]。

2021 年，我国开启全面建设社会主义现代化国家的新征程。2021 年 3 月，新华社发布了《中华人民共和国国民经济和社会发展第十四个五年规划和 2035 年远景目标纲要》。该纲要在指导思想中强调，“加快构建以国内大循环为主体、国内国际双循环相互促进的新发展格局”；在战略导向上也强调，“必须强化国内大循环的主导作用，以国际循环提升国内大循环效率和水平，实现国内国际双循环互促共进”[7]。这也成为未来五年中国教育国际化发展的新方向。值得注意的是，针对“深化教育改革”，该纲要明确提出，“支持和规范民办教育发展，开展高水平中外合作办学”[8]。在“形成强大国内市场，构建新发展格局”中也强调，“更大力度吸引和利用外资，有序推进电信、互联网、教育、文化、医疗等领域相关业务开放”[9]。可以说，未来五年的中国教育将迎来国际化发展的新机遇，必将形成更开放、更有序、更多元的教育市场。此后，在我国“十四五”规划的通盘布局下，各省、自治区、直辖市针对地方国际教育发展动态，纷纷出台了相关的治理方案。

为了规范国际教育在中国的落地，满足中国教育市场多元化格局的需求，建立良性、有序、健康的教育环境，2021 年，全国各省市教育部门及相关单位继续全面落实《全国大中小学教材建设规划（2019–2022 年）》中的要求，努力实现 2022 年底的总体目标，即“教材建设全面加强，教材管理体制基本健全、体系基本完备、质量显著提升，更加适应中国特色社会

[5] 同[2].

[6] 同[3].

[7] 新华社. 中华人民共和国国民经济和社会发展第十四个五年规划和 2035 年远景目标纲要[EB/OL].（2021–03–13）[2021–12–13]. http://www.gov.cn/xinwen/2021-03/13/content_5592681.htm.

[8] 同[7].

[9] 同[7].

主义发展要求，更具中国特色和国际视野，育人功能显著增强，开创教材建设新局面”[10]。同时，在全面开展教材建设的过程中，北京、上海、山西、山东等地的大中小学涌现出一批示范典型，规范了境外教材的选用，治理了滥用境外教材的乱象。

2. 中国教育国际化建设重点

近年来，中国教育国际化发展重点突出、特征明显，国际教育合作主要面向基础教育、职业教育和高等教育。同时，随着我国国际合作的不断深化，在教育国际化方面，各教育阶段逐步将国际理解和可持续发展等理念融入课堂教学，以期培养具有国际理解力和全球胜任力的人才。

（1）基础教育

2021 年，为了培养面向未来、具有更高国际竞争力的人才，中共中央办公厅、国务院办公厅印发《关于进一步减轻义务教育阶段学生作业负担和校外培训负担的意见》（简称“双减”政策），在一定程度上“叫停”了私营机构在中国市场开展国际课程的行动。

“双减”政策明确提出了“严禁提供境外教育课程”，这不仅给英美中学课程亮出了“红牌”，也成为加强境外课程治理的开端[11]。实际上，减负问题是人民群众日益增长的教育需求与教育资源供给不充分、不均衡的矛盾体现。特别是在课外教育“内卷”严重的市场中，升学焦虑的贩卖与成绩至上的比拼，不仅影响了青少年的心智成长，也扰乱了国家育人、育才的社会主义理念。“双减”政策的出台，不仅是针对当下中国基础教育国际化发展乱象的一次拦截，更是基础教育国际化发展治理的一次新契机。近些年，我国政府已经对境外教材的使用管理、外籍教师的用人制度、国际教育发展的监督等方面开展了全面的治理，在理念化、制度化、行政化及法制化层面都取得重大突破。

[10] 教育部．描绘新时代教材建设蓝图——《全国大中小学教材建设规划（2019–2022 年）》发布［EB/OL］.（2020–01–15）［2022–04–01］. http://www.moe.gov.cn/jyb_xwfb/xw_zt/moe_357/jyzt_2020n/2020_zt04/baodao/202004/t20200409_441835.html.

[11] 新华社．中共中央办公厅国务院办公厅印发《关于进一步减轻义务教育阶段学生作业负担和校外培训负担的意见》［EB/OL］.（2021–07–24）［2022–3–04］. http://www.gov.cn/zhengce/2021-07/24/content_5627132.htm.

尽管“双减”政策对教育市场的治理使得基础教育的课外市场饱受压力，但是中国课堂的教学内容是开放、包容、紧跟全球发展的。近年来，教育部提出了有关“国际理解教育”方面的规范和指导，全面拓展课堂教育的国际文化学习。2018 年，《关于政协十三届全国委员会第一次会议第 0349 号（教育类 035 号）提案答复的函》中提到，首先，要强化国际理解教育的正确导向；其次，将中小学生的国际理解教育要求落实到相关课程中；第三，对国际理解教育的评估问题进行初步探索[12]。

目前，国际理解教育在北京、上海、南京、武汉、深圳等城市受到更多的重视，相关部门也在不断发布政策，逐渐尝试建立国际理解教育学校指标体系，试行国际理解教育示范校机制，以促进国际理解教育的迅速发展。根据江苏省《2022 年基础教育职业教育对外合作交流重点建设项目评审结果公示》，江苏省启动了 100 个对外合作交流重点建设项目，包括南京外国语学校的“‘四国五校’高中生文化交流活动”、南京市中山小学的“新时代背景下中国文化的创意表达与国际传播的实践研究”、无锡市江南中学的“基于特色国际理解教育课程的友好学校交流项目”等[13]。

在师资培训方面，部分省市也加大了师资国际化培养的力度，致力于改进教师教学方法，提升教师教学质量，开阔教师国际视野，以期全面提升教师国际理解教育的教学素质。2022 年，杭州市教育局认定了“国际理解教育视野下国际竞赛体系的多元化建设”等 30 个项目为第六批杭州市国际理解教育特色品牌项目[14]。

此外，部分国际化程度较高的省市，在扩大基础教育对外开放方面，也有新的探索。以北京为例，为贯彻落实国务院批复的《全面推进北京市服务业扩大开放综合试点工作方案》，2019 年，北京市教育委员会发布了

［12］ 教育部．关于政协十三届全国委员会第一次会议第 0349 号（教育类 035 号）提案答复的函［EB/OL］．（2018-09-30）［2022-02-02］．http://www.moe.gov.cn/jyb_xxgk/xxgk_jyta/jyta_jiaocaiju/201901/t20190122_367807.html.

［13］ 江苏省教育厅．2022 年基础教育职业教育对外合作交流重点建设项目公示［EB/OL］．（2022-04-27）［2023-05-29］．http://jyt.jiangsu.gov.cn/art/2021/6/30/art_58320_9865378.html.

［14］ 杭州市教育局高教处．杭州市教育局办公室关于公布杭州市第六批国际理解教育特色品牌项目名单的通知［EB/OL］．（2022-01-21）［2023-05-29］．https://edu.hangzhou.gov.cn/art/2022/1/21/art_1228921850_58939441.html.

《教育领域开放改革三年行动计划》。该计划强调，2019–2021 年持续推进国际教育合作，完善国际学校布局，在“三城一区”引进人才密集地区和海淀、朝阳区等重点区域，新建 11 所国际学校。在中小学层面，强调要推动北京中小学与国外知名中小学开展交流项目。指导学校通过与国外优质教育资源合作，加强教师队伍建设、创新人才培养和国际化人才培养能力，提升自身办学水平[15]。同时，根据《北京市中小学友好校交流活动管理办法（试行）》，“各区要贯彻国家和北京市关于做好教育对外开放的有关精神，通过在基础教育领域开展友好城市中小学之间的合作与交流，培养学生的跨文化交流能力。辐射和带动本区域内中小学的国际合作与交流，提升学校现代化办学水平，助力首都国际交往中心建设”[16]。

（2）职业教育

职业教育是国民教育体系和人力资源开发的重要组成部分，肩负着培养多样化人才、传承技术技能、促进就业创业的重要职责。2021 年 10 月，中共中央办公厅、国务院办公厅印发的《关于推动现代职业教育高质量发展的意见》明确提出，要“打造中国特色职业教育品牌”[17]。《2022 要点》中也明确提出了职业教育国际发展的路径，即“加强同东盟职业教育、学历互认等合作，建立中国—东盟教育高官磋商机制，办好中国—东盟教育交流周。实施‘未来非洲—中非职业教育合作计划’，举办国际性职业教育大会，主办金砖国家教育部长会议，建立金砖国家职业教育联盟和举办职业教育技能大赛，推进‘鲁班工坊’建设”[18]。

2021–2022 年，根据中央政府对职业教育国际化发展的政策规划，各级政府纷纷制定了相关政策，积极推动职业教育高质量发展。目前，我国职业教育的国际化发展已经形成了“引进来，走出去”双向发展的新格局，

[15] 北京市教育委员会. 教育领域开放改革三年行动计划［EB/OL］.（2019–08–20）［2023–05–29］. https://www.beijing.gov.cn/zhengce/zhengcefagui/201911/t20191129_712599.html.

[16] 北京市教育委员会. 北京市教育委员会关于公布中小学友好校交流项目入选学校名单的通知［EB/OL］.（2020–01–19）［2022–01–04］. http://jw.beijing.gov.cn/xxgk/zxxxgk/202001/t20200119_1618043.html.

[17] 中央人民政府. 中共中央办公厅国务院办公厅印发《关于推动现代职业教育高质量发展的意见》［EB/OL］.（2021–07–13）［2022–03–04］. http://www.gov.cn/zhengce/2021-10/12/content_5642120.htm.

[18] 同［3］.

职业教育“引进来，走出去”发展战略已经取得了阶段性的成果。各省市在国家政策与地方政策的指导下，努力在中外合作中实现职业教育标准化、专业化发展。

在“引进来”方面，部分省市发布了有关职业教育对外开放的相关政策，进一步促进了国（境）外优质职业教育资源的本土化和创新化发展。例如，辽宁省教育厅发布的《关于推进高等职业教育开放办学加强合作实现高质量发展的实施意见》中提到，“要帮助中外合作办学‘引进来’。积极引进国外优质职业教育资源，设立高水平职业教育中外合作办学机构和项目，推进中外合作职业技术大学筹建工作。继续鼓励和支持省内高职院校引入德国优质职业教育资源和企业联合开展‘双元制’办学”[19]。2022年10月，由上海市教育委员会指导、学校中德职教师资职业技能提升中心组织实施的2022年中德合作上海市中高职院校骨干教师能力提升培训班开班。该项目是上海市教育综合改革试点项目之一，由上海市教育委员会倡议，德国巴伐利亚州文教部和德国工商、手工业行会海外代表处积极响应，上海电子信息职业技术学院和德国汉斯·赛德尔基金会联合中、德两国众多职业师资培训中心、企业共同参与，合作开展的中德两国政府间职教师资培训项目。该项目是落实国务院和上海市人才战略的重要举措，是推进职业院校国际化进程、探索国际化长效机制的创新实践[20]。

在“走出去”方面，我国职业院校积极响应“一带一路”倡议，走出国门，在国（境）外设立分校，实施跨境人才培养培训；相关部门积极支持和指导省内有条件的职业院校在国外建设“鲁班工坊”，推进“中文＋职业技能”项目，联合制定面向“一带一路”国家或企业海外分公司的人才培养计划，提升了中国职业教育的国际影响力。例如，上海市将“鼓励职业院校建立海外教学基地，与企业赴海外联合办学，服务企业‘走出去’

[19] 辽宁省教育厅．关于推进高等职业教育开放办学加强合作实现高质量发展的实施意见[EB/OL].(2021-09-09)[2022-02-12]. http://jyt.ln.gov.cn/zwgk/jywj/jytwj/202109/P020210929577557369867.pdf.

[20] 马宏亮．2022年中德合作上海市中高职院校骨干教师能力提升培训班在我校举行开班典礼[EB/OL].(2022-10-28)[2023-05-28]. https://xxgk.stiei.edu.cn/2022/1031/c4311a86383/page.htm.

战略”[21]写入了《上海市教育发展“十四五”规划》。

需要强调的是，“走出去”战略一直是我国对外职业教育合作强推的重点，特别是天津市积极打造的“鲁班工坊”品牌项目，加强了国际间职业教育的交流与合作。该项目已成为共建“一带一路”、服务国际重大战略的抓手。目前，“鲁班工坊”已经由“天津品牌”转型为“中国对外教育合作名片”。在2021年全国职业教育大会上，时任中央政治局委员、国务院副总理孙春兰对天津在亚非欧三大洲建成的17家“鲁班工坊”给予高度肯定。2022年，天津市教委将“鲁班工坊”建设作为贯彻落实习近平总书记重要指示精神、服务共建“一带一路”国家战略、扩大我国职业教育国际影响力的重要举措[22]。

2020年，在教育部的指导下，“鲁班工坊”建设联盟成立，它是统筹管理和指导全国“鲁班工坊”建设工作的民间组织。为做好全国首批“鲁班工坊”认定工作，天津市“鲁班工坊”研究与推广中心（简称“研推中心”）协助制定了《首批“鲁班工坊”运营项目认定方案》和《“鲁班工坊”运营项目认定标准》，明确了“鲁班工坊”首批运营项目认定的职责分工和工作程序。2021年2月，天津市教委又印发《关于开展职业教育国际化专业教学标准开发工作的通知》，经过申报、遴选，确定一批与天津市优势主导产业对应的专业，进行国际化专业教学标准开发。研推中心成功举办职业教育国际化专业教学标准开发专题培训班，邀请专家对天津市承担标准开发工作的人员进行培训[23]。上海市等地区也共同推动国家“一带一路”倡议，鼓励学校在“一带一路”共建国家设立职业培训基地，建设“鲁班工坊”。2021年9月，国家主席习近平在上海合作组织成员国元首理事会第二十一次会议上的讲话中表示，“中方将向上海合作组织国家提供1,000名

[21] 上海市人民政府办公厅. 上海市人民政府关于印发《上海市教育发展“十四五”规划》的通知[EB/OL].（2021-08-27）[2022-03-12]. https://www.shanghai.gov.cn/nw12344/20210827/3eb4bdfdfe014bbda40ff119743b74f0.html.

[22] 天津市教育委员会. 天津市教育委员会关于对市政协十四届五次会议第0734号提案的答复[EB/OL].（2022-10-21）[2023-04-17]. http://jy.tj.gov.cn/ZWGK_52172/JYTABL/BLJGGK/202110/t20211018_5654207.html.

[23] 天津市教育委员会. 天津市教育委员会关于对市政协十四届四次会议第0294号提案的答复[EB/OL].（2021-10-28）[2022-04-17]. http://jy.tj.gov.cn/ZWGK_52172/JYTABL/BLJGGK/202110/t20211018_5654207.html.

扶贫培训名额，建成 10 所鲁班工坊”[24]。

在教材建设方面，2021 年 12 月，教育部办公厅印发了《“十四五”职业教育规划教材建设实施方案》和《关于组织开展“十四五”首批职业教育国家规划教材遴选工作的通知》两份通知，其中均强调职业教育教材需服务于对外开放和国际合作。此后，北京市教育委员会、广东省教育厅、天津市教育委员会等各级行政单位积极响应，开始落实职业教育国家规划教材遴选工作。这对推动我国职业教育国际化高质量发展具有积极作用。

（3）高等教育

高等教育国际化发展是培养高层次人才、服务国家战略的重要途径，也是深化中外人文交流、提升国家软实力的重要载体。在“双一流”建设的背景下，我国高校不断加强对外学术合作的力度，强化研究合作、社会服务、文化传承和创新。同时，在加强高等教育治理方面，各省市也在制度层面进一步规范了中外合作办学的机制。

首先，中外合作办学是高等教育国际化合作的重点建设任务。实际上，各省市希望将国际交流合作作为解决现实问题、拓展办学资源、增强社会服务能力、提升办学水平的机制。例如，2021 年，北京市教育委员会印发《关于加强市属高校合作办学管理工作的指导意见》的通知[25]，切实规范北京市属高校合作办学行为，加强内部规范管理，要求各高校进一步提高政治站位，开展合作办学要坚持“落实立德树人根本任务、坚持学校主体责任、符合首都城市发展需要、依法依规开展合作办学、提升合作办学质量”等工作原则。合理规划合作办学，努力提升办学水平和人才培养质量，增强服务社会能力。同时，也明确规定了合作办学的四种类型：一是高校与社会机构合作举办独立学院；二是高校与其他高校或社会机构合作共同举办普通本专科、成人本专科、研究生等学历教育项目；三是高校与社会

[24] 中央人民政府．不忘初心 砥砺前行 开启上海合作组织发展新征程——在上海合作组织成员国元首理事会第二十一次会议上的讲话［EB/OL］.（2021-09-17）［2022-04-17］. https://www.gov.cn/gongbao/content/2021/content_5641337.htm.

[25] 北京市人民政府．北京市教育委员会印发《关于加强市属高校合作办学管理工作的指导意见》的通知［EB/OL］.（2021-1-20）［2021-12-13］. http://jw.beijing.gov.cn/xxgk/zfxxgkml/zfgkzcwj/zwgkxzgfxwj/202101/t20210120_2227816.html.

机构合作共同举办非学历教育（培训）项目；四是高校与外国（或港澳台地区）教育机构合作举办中外合作办学机构和中外合作办学项目（包括学历教育项目和非学历教育培训项目）。此外，也对规范合作办学管理提出了具体的要求：一是全面加强党的领导；二是科学规划设置合作办学；三是严格执行审批程序；四是严格落实管理责任；五是严格抓好风险防控；六是严格进行责任追究；七是开展合作办学清查。

尽管新冠疫情阻碍了全球高等教育国际化发展的进程，但是我国中外合作办学项目得到了国家的大力支持。2020 年底，根据《中华人民共和国中外合作办学条例》及其实施办法，教育部对各地上报的中外合作办学项目进行了评审，批准了北京信息科技大学与美国奥克兰大学合作举办电子信息专业硕士研究生教育项目等 32 个本科以上中外合作办学项目[26]。而在 2021 年，全球新冠疫情形势依然严峻，出入境和人员往来受限，不少学生面临求学困境。为此，教育部发布了《教育部继续支持以中外合作办学等方式缓解疫情影响下我学生出国学习困难》的通知，其中强调，“教育部继续支持相关高校在确保教育公平的前提下，以校际交流、委托培养等学分互认形式，接收出国留学生短期就读，为其提供国内学习平台”[27]。同时，各省市也参照国家留学基金委《关于 2021 年因疫情未按期派出人员延期派出相关事宜的通知》，给予了相关人员延期、保留奖学金资格等相应支持。

值得注意的是，2021 年也是验收“双一流”建设成效的一年。教育部、财政部、国家发展改革委印发《“双一流”建设成效评价办法（试行）》，明确强调了有关国际交流合作的具体评价要求，即“突出实效与影响，综合考察建设高校统筹国内国外两种资源，提升人才培养和科学研究的水平以及服务国家对外开放的能力，加强多渠道国际交流合作，持续增强国际影响力的成效”[28]。同时，2021 年也是中外合作、国际化办学的验收之年。

[26] 中央人民政府．教育部关于批准 2020 年上半年中外合作办学项目的通知 [EB/OL].（2020-10-22）[2021-12-13]. http://www.gov.cn/zhengce/zhengceku/2020-11/08/content_5558823.htm.

[27] 教育部．教育部继续支持以中外合作办学等方式缓解疫情影响下我学生出国学习困难 [EB/OL].（2021-8-25）[2021-12-13]. http://www.moe.gov.cn/jyb_xwfb/gzdt_gzdt/s5987/202108/t20210825_554243.html.

[28] 教育部．教育部财政部 国家发展改革委关于印发《“双一流”建设成效评价办法（试行）》的通知 [EB/OL].（2020-12-30）[2021-12-13]. http://www.moe.gov.cn/srcsite/A22/moe_843/202103/t20210323_521951.html.

浙江省人民政府根据中共浙江省委办公厅、浙江省人民政府办公厅《关于做好新时期教育对外开放工作的实施意见》《浙江省教育厅关于实施“浙江省国际化特色高校建设工程”的通知》精神，对“浙江省国际化特色高校建设工程”入围的16所高校进行验收，最终确定了浙江大学等13所建设单位为浙江省国际化特色高校[29]。2022年，根据《教育部学位中心关于开展2022年中外合作办学评估信息公示工作的通知》及《教育部学位中心关于2022年中外合作办学评估信息公示工作的通知》要求，各省市对中外合作办学项目进行评估，例如，江苏省教育厅对参加评估的22个教育项目进行了公示[30]。

3．中国教育国际化合作增长点

（1）参与国际组织行动

近些年，随着中国教育国际化的发展，中国越来越重视在国际事务中的深度合作和贡献。《2021要点》中也提出，要“深化与联合国教科文组织战略合作，推进上海合作组织框架下教育合作，积极参与全球教育治理，持续做好国际组织人才推送工作”[31]。这为我国人才的国际化培养提出了新的要求和任务。特别是在“一带一路”倡议下，我国已经加大了国际教育合作的力度，加强了与国际组织的深度合作，并在参与全球教育治理过程中贡献了中国力量。这已经成为中国开展国际教育治理的一张名片。

首先，参与国际组织的教育合作是我国新时期参与全球教育治理的新方向，也是新时期国际人才培养的增长点。在2021年教育部与联合国教科文组织合作举办的“面向未来的世界遗产教育”主题边会上，时任教育部党组书记、部长陈宝生指出，在世界遗产教育领域，中国既是倡导者，更是实践者，将世界遗产教育纳入国家教育发展总体规划，纳入各级各类学校的教育教学，形成了具有中国特色的世界遗产教育理念与实践。其一，

[29] 浙江省教育厅．浙江省教育厅办公室关于公布国际化特色高校名单的通知［EB/OL］.（2021-1-20）［2021-12-13］http://jyt.zj.gov.cn/art/2021/1/20/art_1532978_58916644.html.

[30] 江苏省教育厅．2022年中外合作办学参加评估项目网上公示［EB/OL］.（2022-11-14）［2023-04-25］. http://jyt.jiangsu.gov.cn/art/2022/11/14/art_58320_10665086.html.

[31] 同［2］.

将世界遗产教育作为促进学生全面发展的重要载体，推动世界遗产相关知识和保护理念进课程、进教材。其二，将世界遗产教育作为推动学生社会实践的重要途径，在世界遗产教育中注重课堂教学与课外实践相结合。其三，积极培养热爱世界遗产、投身遗产保护事业的高素质专业人才。其四，将世界遗产教育作为教育国际交流合作的重要内容[32]。

二是扎根中国、融通中外，立足时代、面向未来，树立自信、保持特色，努力培养更多具有全球胜任力的高层次人才。1988年，美国国际教育交流协会（IIE）在报告《为全球胜任力而教》（Educating for Global Competence）中首次提出“全球胜任力”的概念，并将其纳入人才培养的重要目标。2018年起，经济合作与发展组织（OECD）开始将全球胜任力纳入国际学生评估项目（PISA）。在我国，清华大学率先意识到全球胜任力的重要性，并作出了全球战略布局和全球胜任力培养方案，即“全球胜任力即为在国际与多元文化环境中有效学习、工作和与人相处的能力”[33]。全球胜任力的提升是一个持续的、终身学习的过程。近些年来，越来越多专家和学者开始关注全球胜任力，并将其融入进了人才培养的过程中。清华大学顺应国家构建全面开放新格局的要求，主动拓展办学视野，大力实施全球战略，着力培养具备全球胜任力的拔尖创新型人才，切实开展服务国家和世界的研究，全面提升国际合作办学能力与全球影响力[34]。上海交通大学举办了“全球胜任力”本硕博英语演讲比赛，拓展学生的全球化视野，思考人类面临的挑战，启发学生用自己的专业寻找解决办法[35]。

三是加强我国高校参与全球治理项目。目前，我国多所一流高校已经开始参与国际组织的交流合作。2021年3月，教育部国际合作与交流司正

[32] 教育部. 传承世界遗产激发未来力量——教育部与联合国教科文组织举办“面向未来的世界遗产教育”主题边会[EB/OL].（2021-07-17）[2022-04-01]. http://www.moe.gov.cn/jyb_xwfb/gzdt_gzdt/moe_1485/202107/t20210717_545348.html.

[33] 清华大学. 全球胜任力[EB/OL].（2023-05-23）[2023-05-29]. https://www.tsinghua.edu.cn/hzjl/gjhz/qqsrl1.htm.

[34] 邱勇. 培养具有全球胜任力的高层次人才[EB/OL].（2020-07-15）[2022-04-01]. http://www.moe.gov.cn/jyb_xwfb/moe_2082/zl_2020n/2020_zl33/202007/t20200715_472842.html.

[35] 陈柳华. 首届上海交通大学“全球胜任力”本硕博英语演讲比赛举行[EB/OL].（2021-12-15）[2022-04-01]. https://news.sjtu.edu.cn/jdyw/20211215/165011.html.

式发文，确定浙江大学联合国教科文组织研究中心被增补为高校国别和区域研究备案中心。该中心在已有的与教科文组织合作开展的创业教育、教育政策、高等教育等领域研究的基础上，深入开展教科文组织业务范围所涉及的全球人文与教育治理、国际教育援助与开发、国际教育规则、可持续发展与文化遗产教育等方面研究[36]。9月，东南大学（亚洲遗产管理学会秘书处）与联合国教科文组织及北京市文物保护协会签署战略合作框架，组织联合国教科文组织未来五年（2021-2025年）的"亚太地区文化遗产保护奖"的评审与推广工作，共同促进亚太地区变革性文化遗产保护[37]。10月，北京大学与联合国教科文组织携手推出的"促进非洲女童校园健康教育项目"，进一步提升国际社会对女童和妇女教育的关注，对女性健康和权益的关注，为促进非洲大陆的性别平等作出积极贡献[38]。

（2）加强国际中文教育

国际中文教育是中国提供给世界的重要语言文化公共产品。在中外双方精诚合作、共同努力下，国际中文教育事业蓬勃发展、成绩显著。截至2022年6月，全球共有180多个国家和地区开展中文教育，76个国家将中文纳入国民教育体系，近8万所各国大中小学、华文学校和培训机构开设中文课程，150多个国家和地区设立480多所孔子学院和800多个孔子课堂，中国以外正在学习中文的人数超过2,500万，累计学习人数近2亿[39]。

国际中文教育发展机遇与挑战并存。一方面，随着我国进入高质量发展阶段和经济实力显著增强、国际地位日益提高，中文实用价值不断提升，各国民众学习中文、了解中国的需求与日俱增，为国际中文教育可持续发展提供了难得的历史机遇。以大数据、云计算、区块链、5G网络、人工智能等为代表的新技术，赋能中文教学不断创新模式、优化业态，为国际中

[36] 浙江大学教育学院．浙江大学联合国教科文组织研究中心获批教育部国别和区域研究备案中心［EB/OL］.（2021-03-25）［2022-04-01］. http://www.ced.zju.edu.cn/2021/0325/c26951a2271231/page.htm.

[37] 东大建筑．东南大学与联合国教科文组织深入合作，持续投入亚太地区文化遗产保护与发展事业［EB/OL］.（2021-09-18）［2022-04-01］. https://arch.seu.edu.cn/_t12/2021/1009/c9118a385837/page.htm.

[38] 教育部．田学军出席北京大学与联合国教科文组织合作项目启动仪式［EB/OL］.（2021-10-15）［2022-04-01］. http://www.moe.gov.cn/jyb_xwfb/gzdt_gzdt/moe_1485/202110/t20211015_572720.html.

[39] 教育部．对十三届全国人大五次会议第8985号建议的答复［EB/OL］.（2022-07-16）［2023-05-24］. http://www.moe.gov.cn/jyb_xxgk/xxgk_jyta/yuhe/202208/t20220803_650543.html.

文教育创新发展奠定了坚实基础。另一方面，国际中文教育开展时间短、底子薄，还面临标准体系不健全、本土化发展不足、师资队伍建设薄弱、教学内容相对滞后，以及少数国家将之政治化等风险和挑战[40]。

新时期，我国在推进教育对外开放的过程中，不断地聚合优质资源，优化资源供给。一方面，加强教师、教材、教学、考试等国际中文教育资源建设，规范国际中文在线教学精品示范课程，构建开放包容和多主体、多模式、多层次的现代国际中文教育体系。另一方面，加快建设网络中文课堂、中文学习测试中心、语合智慧教室等特色项目，完善全球布局，打造品牌矩阵。同时，在教育对外开放的顶层设计方面，我国也在不断地完善体制机制，强化统筹管理，鼓励和支持中外教育机构、院校、企业等参与国际中文教育建设，优化资源结构，努力成为全球中文教育的引领者。

值得注意的是，新时期中国的教育对外开放也是坚定文化自信，讲好中国故事的新契机。在推进"一带一路"教育行动的过程中，孔子学院、"鲁班工坊"等品牌的对外输出，以高度的文化自觉、坚定的文化自信、丰富多彩的表现形式，逐步打造一系列优质中文教材、文化读物、线上课程等教学资源，展现中国博大精深的文化内涵。

二、经济环境分析

教育国际化始终伴随着经济全球化的发展步伐。经济全球化带来了资金、技术、服务、知识、人员的流动，为全球各国经济的增长注入了不竭的活力。不可忽视的是，经济全球化以人力资源的全球化为支撑，所以要培养更多具有世界眼光的国际化人才。这一需求触发了教育的国际化。因此，经济环境对于国际教育的发展可以说是至关重要的。然而，经济既具有周期性，又具有波动性，易受政治、自然等因素影响。

我国国际教育的经济环境复杂多变，受全球经济和国内经济环境共同

[40] 教育部. 关于政协第十三届全国委员会第四次会议第 2624 号（教育类 091 号）提案答复的函［EB/OL］.（2021-10-15）［2022-01-04］. http://www.moe.gov.cn/jyb_xxgk/xxgk_jyta/yuhe/202111/t20211104_577702.html.

影响。本节内容试图对 2022 年全球及国内的经济环境做一个宏观的分析，以求管窥我国国际教育发展的经济环境。2022 年，世界经济形势不容乐观。世界经济增长及全球贸易增速进一步放缓，各国物价水平持续上涨，全球贸易活动活力不足。面对世界经济严峻与复杂的形势，我国经济展现了强劲的韧性，保持了长期向好的局面。国内各级各类城市始终坚持高质量对外开放政策，大力建设国际化城市，为国际教育在国内的发展奠定了良好的经济基础。与此同时，教育行业的投融资情况相较于之前热度锐减，各类教育资本纷纷转型，开始寻找并尝试更具有潜在价值的新领域。

1．全球经济增长放缓，通胀水平走高，贸易额与量增长乏力

世界经济增长持续放缓，欧美主要国家国内生产总值（GDP）增速回落。2023 年 1 月，国际货币基金组织发布的《世界经济展望》报告认为，2022 年世界经济增速为 3.4%，较 2021 年回落 2.8 个百分点；2022 年，美国 GDP 增速较 2021 年出现 3.8 个百分点的大幅度回落，该年 GDP 增速仅为 2.1%[41]，为 2016 年以来次低增速，呈现出经济活动颓势。英国增长 4%[42]，较 2021 年回落 3.5 个百分点。欧元区 GDP 增速为 3.5%，较上年回落 1.8 个百分点。其中，德国增长 1.8%，较 2021 年回落 0.8 个百分点。法国增长 2.6%，较 2021 年回落 4.2 个百分点。意大利增长 3.7%，较上年回落 3.3 个百分点。日本 GDP 增速为 1.0%，较上年回落 1.1 个百分点[43]。

全球消费物价指数持续上涨，通胀水平连续走高。2022 年，美国全年平均消费物价指数增长率约为 8.1%，为 40 年来最高水平。欧元区全年平均消费物价指数增长率约为 8.3%，为 1992 年《欧洲联盟条约》签署以来的最高水平。所有发达经济体的平均消费物价指数增长率约为 7.2%。欧洲新兴经济体 2022 年全年平均消费物价指数增长率高达 27.8%，非洲、拉美和中

［41］ 李婧婧，郝悦，朱祎，王庭锡．世界经济复苏道路崎岖不平下行压力持续存在——2022 年世界经济形势分析及 2023 年展望［J］．全球化，2023（02）：66–75+135．

［42］ 新华网．英国经济 2022 年增长 4%［EB/OL］．（2023–02–10）［2023–06–06］．http://www.xinhuanet.com/2023-02/10/c_1129355981.htm．

［43］ 同［41］．

东地区的全年平均消费物价指数增长率均达到 14% 左右[44]。

全球贸易活动进一步减弱，总额与总量增速双双回落。根据联合国贸易和发展会议《2022 统计手册》数据，2022 年全球货物贸易额增长 13.8%，增速较上年回落 12.7 个百分点；国际货币基金组织 2023 年 1 月在《世界经济展望》发布的数据显示，2022 年全球货物和服务贸易量增长 5.4%，增速较 2021 年回落 5.0 个百分点[45]。

2. 中国经济彰显强韧性，稳中向好局面长期不变

2022 年，中国经济遭遇多重超预期挑战。国内方面，上半年我国经济增速再度放缓。国际方面，如上文提到的，世界经济增长放缓，全球多个发达经济体通货膨胀率上升，国际贸易活动不足，严重干扰全球经济复苏与我国的对外经贸往来。

面对复杂严峻的国际环境和艰巨繁重的国内改革发展稳定任务，我国政府扎实推进“稳经济”一揽子政策措施，高效统筹疫情防控和经济社会发展工作。自 2022 年 5 月以来，我国经济运行顶住全球经济下行压力，逆势崛起，逐渐止跌回稳、各项经济指标回升向好，表现出极强的韧性。根据国家统计局的数据，2022 年我国全年国内生产总值 1,210,207 亿元，比 2021 年增长 3.0%[46]。

从 2018–2022 年我国的经济统计数据不难看出（见图 1.1），经济发展向好的势头是长期性的。自 2020 年以来，我国经济保持了平稳发展的良好态势。2020 年全年 GDP 首次突破 100 万亿元大关，按可比价格计算，同比增长 2.3%，占世界经济比重的 17% 左右，保持了世界第二大经济体的地位[47]。2019–2020 年人均 GDP 连续两年超过 1 万美元，实现从低收入国家到中等偏上收入国家的历史性跨越。2020 年，我国脱贫攻坚战取得了全面

[44] 光明网. 2022 年世界经济形势：从动荡中涌起的全球通胀潮 [EB/OL].（2022-12-28）[2023-06-06]. https://m.gmw.cn/baijia/2022-12/28/36262074.html.

[45] 同 [41].

[46] 人民日报客户端. 国家统计局：2022 年中国 GDP 同比增长 3% [EB/OL].（2023-01-17）[2023-06-06]. http://m.haiwainet.cn/middle/3541083/2023/0117/content_32544583_1.html.

[47] 国家统计局. 中华人民共和国 2021 年国民经济和社会发展统计公报 [R/OL].（2022-02-08）[2023-06-01]. http://www.stats.gov.cn/xxgk/sjfb/zxfb2020/202202/t20220228_1827971.html.

胜利，完成了在拥有 14 亿人口的大国消除绝对贫困的艰巨任务。

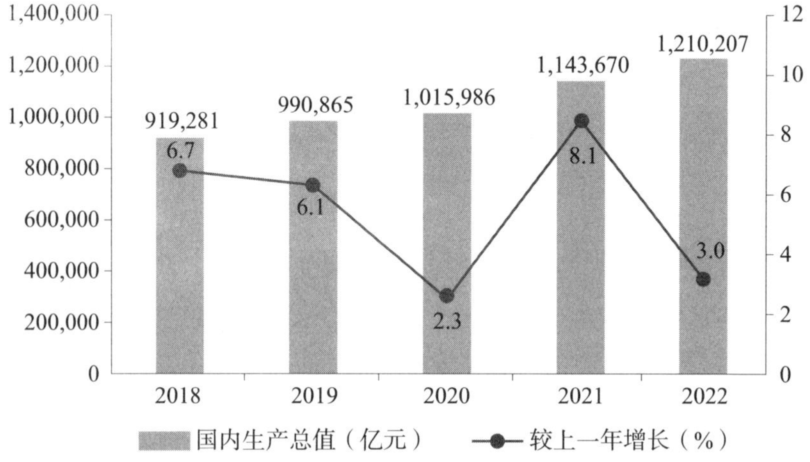

图 1.1 2018-2022 年国内生产总值及其增长率

数据来源：国家统计局，顶思教育整理

2021 年是我国历史上具有重要里程碑的一年，既是中国共产党建党 100 周年，又是实现第一个百年目标，迈向第二个百年新征程的起始之年。2021 年，中国经济总体稳定恢复，经济增长全球领先，综合国力显著增强。国家统计局发布的数据显示，初步核算，2021 年，我国 GDP 比上年增长 8.1%，在全球主要经济体中名列前茅；经济总量达 114.4 万亿元，按年平均汇率折算达 17.7 万亿美元，稳居世界第二，占全球经济的比重超过 18%[48]。这样的经济发展成绩成功地实现了“十四五”良好开局，为实现这一时期经济社会发展的主要预期目标奠定了良好基础。

3．国内城市国际化水平大幅提升，“类海外”环境加紧建设

我国城市国际化水平逐年提升。根据全球领先管理咨询公司科尔尼（A.T. Kearney）发布的《2021 全球城市综合排名》，中国有北京、香港、上海三个城市进入全球十强城市，分列第六、第七和第十名。上榜城市数量与美国相同（纽约、洛杉矶、芝加哥），超过欧洲（巴黎、伦敦）和亚太其

［48］ 同［47］.

他地区（新加坡、东京）。杭州、苏州、南京等城市排名进入全球前100，成都、长沙、西安、苏州的城市排名保持上升态势[49]。

城市国际化水平的提升与我国不断加大对外开放力度、建设自贸区和国际消费城市密不可分。我国加入世界贸易组织（WTO）以来，加快形成对外开放新局面，发展更高水平的“开放经济”，不断稳步推进自由贸易试验区建设，以顺应经济全球化趋势。自2013年9月中国（上海）自由贸易试验区正式成立以来，全国共计设立21个自由贸易试验区，初步形成陆海内外联动、东西双向开放的全面开放新格局。2021年7月商务部发布的数据显示，21个自贸试验区进出口额占到全国的16.6%，同比增长42%，实际利用外资占到全国的17%，同比增长33.5%[50]。这一发展成绩表明，自贸区已经成为推动中国经济高质量发展与城市国际化的重要引擎。

培育建设国际消费中心城市成为带动一批大中城市提升国际化水平的有效战略。国际消费中心城市具有国际大都市、中心城市、消费城市等特征。2021年7月19日，经国务院批准，上海市、北京市、广州市、天津市、重庆市率先开展国际消费中心城市培育建设[51]。除五个培育城市外，其他城市也都十分重视城市国际化建设，在城市发展进程中，对标培育国际消费中心城市的积极性和主动性很强。

在全球化的发展大势下，自贸区和国际消费中心城市不仅要有效满足本土居民生活需求，还要能够为外籍人员及国际化人才提供一个更加国际化的友好环境。近十年来，我国外籍人员的数量有了明显的增长。根据第七次全国人口普查结果，我国2021年居住在31个省份并接受普查登记的外籍人员有845,697人，而2010年第六次人口普查的结果显示，在华常住外籍人员仅有593,832人，十年间增长率超过42.4%[52]。

［49］ 科尔尼管理咨询．科尔尼发布2021年全球城市指数［EB/OL］.（2021-10-26）［2022-01-19］. https://baijiahao.baidu.com/s?id=1714656216859141234&wfr=spider&for=pc/.

［50］ 人民日报海外版．自贸试验区改革创新再添十九项措施［EB/OL］.（2021-09-04）［2022-12-04］. https://www.gov.cn/zhengce/2021-09/04/content_5635389.htm.

［51］ 解放日报．经国务院批准 上海北京广州天津重庆将率先开展国际消费中心城市培育建设［EB/OL］.（2021-07-20）［2023-06-06］. https://www.shanghai.gov.cn/nw4411/20210720/e32b3edd669147d5b30a32760412684f.html.

［52］ 国家统计局．第七次全国人口普查公报（第八号）［R］. 北京：国家统计局，2021.

为吸引更多国际化人才来华投资创业、工作定居，除了在法律、政策、税收、签证、移民等方面提供优惠便利条件，各自贸区及培育中的国际消费中心城市充分利用体制机制创新试验的优势，出台相关政策，积极规划、建设国际化人才社区，完善国际学校、国际医院等配套公共服务，更好地满足外籍人员就医、子女接受教育等需求，打造更具吸引力的、国际化的生活环境，出台多项规划，积极打造为国际化人才、外国友人在华生活提供更加舒适、便利的“类海外”环境，在吸引人才的基础上，更好地留住人才。

4．教育行业投融资受冷，职业与素质教育赛道备受青睐

黑板洞察研究院发布的相关统计数据显示，2022 年教育行业总共发生了 151 起融资事件，融资总金额约为 54.21 亿元，同比下降 73.31%[53]。结合历史数据不难发现（见图 1.2），自 2016 年教育行业融资达到历史极值以来，教育行业融资已是连续 6 年下降，不断跌破最低点，并未出现回升迹象。

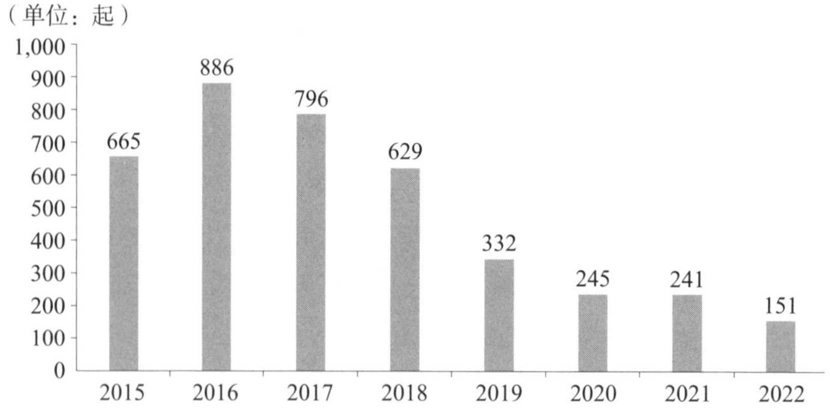

图 1.2　2015–2022 年教育行业融资事件数量

数据来源：黑板洞察研究院，顶思教育整理

［53］　黑板洞察研究院．2022 年教育行业融资风向报告，创投圈的钱都去哪了？［EB/OL］．（2023-01-11）［2023-06-06］．https://rmh.pdnews.cn/Pc/ArtInfoApi/article?id=33354821.

2015–2022 年，教育行业融资事件数量首次出现接近 50% 的降幅是在 2019 年。2019 年，教育行业融资事件总数为 332 起，与 2018 年相比，下降幅度达到 47%。2021–2022 年，国内教育行业受到“双减”政策的影响，发生一系列不同程度的变革。2022 年，教育行业在资本市场中交易数量及金额与去年同期相比出现了明显的下降。

2021 年 7 月 24 日，中共中央办公厅、国务院办公厅印发《关于进一步减轻义务教育阶段学生作业负担和校外培训负担的意见》，以回应社会对义务教育的“焦虑情绪”。各地开始出台相关措施落实“双减”政策，整顿校外培训市场。

据公开资料的不完全统计（见图 1.3），2021 年，职业培训与教育信息化成为教育行业融资数量占比最高的两个细分赛道，分别占总融资事件数量的 27% 和 20%。素质教育与儿童早教也在该年获得了较多关注，分别占总融资事件数量的 17% 和 15%。K12、语言学习、出国留学、高等教育、教育综合服务、教辅设备、其他教育占比均没有超过 10%，分别占总融资事件数量的 7%、4%、3%、3%、2%、1%、1%。

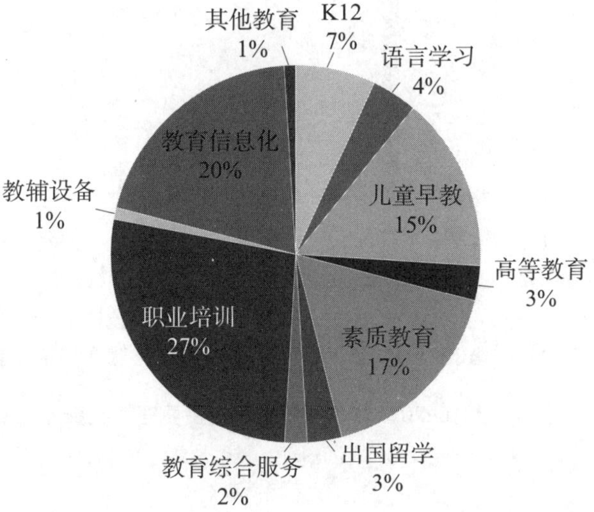

图 1.3　2021 年教育行业细分赛道融资数量占比

数据来源：蓝鲸教育，顶思教育整理

对比2016–2021年教育行业国内主要赛道融资金额不难发现(见图1.4),K12教育培训赛道受到“双减”政策的强力监管,已经不再是资本市场的宠儿,在融资市场中表现惨淡。大批机构纷纷转型,寻找新的风口与赛道。与2020年的442亿元相比,2021年K12的融资金额骤降为27.38亿元,全年减少93.81%。另一方面,“十四五”以来,追求高质量发展的新经济格局对中国产业结构升级调整提出了更高要求,对混合型、创新型、高技能人才的需求量持续增加。职业教育迎来政策利好,2020年以来出台的多项政策中均提及要发展职业技能培训。2021年职业教育迎来更多资本市场的看好,融资数量占全教育行业27%,位列全年教育行业细分赛道第一,融资金额达71.34亿元,相较2020年暴增239%。

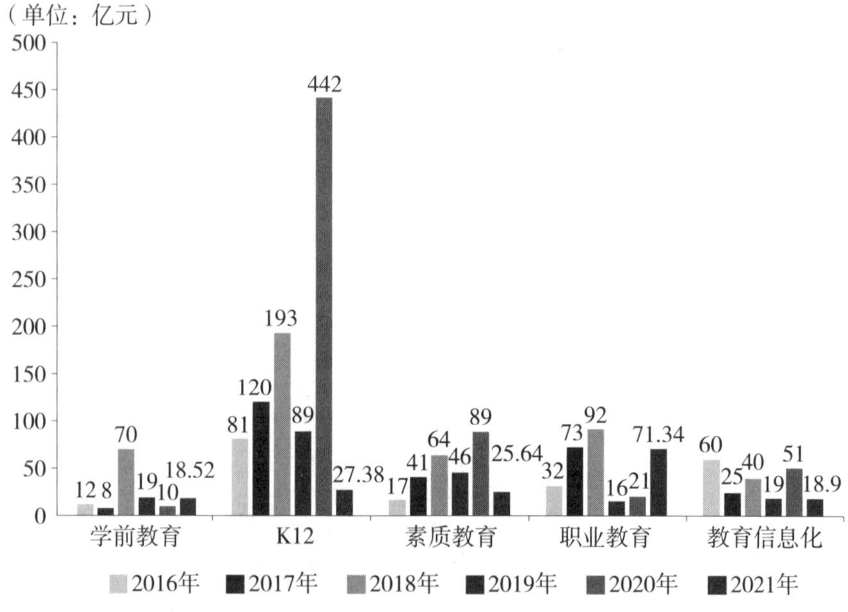

图1.4 2016–2021年教育行业国内主要赛道融资金额

数据来源:中投数据、普华永道、蓝鲸教育,顶思教育整理

2022年,教育行业共发生151起融资事件,分别来自职业教育、企业服务、高等教育、素质教育、儿童早教、语言培训、留学服务以及K12八个领域(见图1.5)。其中,职业教育依托一系列政策支持,依旧成为

全年教育行业融资事件数量最多的细分赛道，全年融资 43 起，占比约为 35.54%；企业服务超过素质教育领域，占比约为 28.93%；素质教育行业全年融资 18 起，占比约为 14.88%。

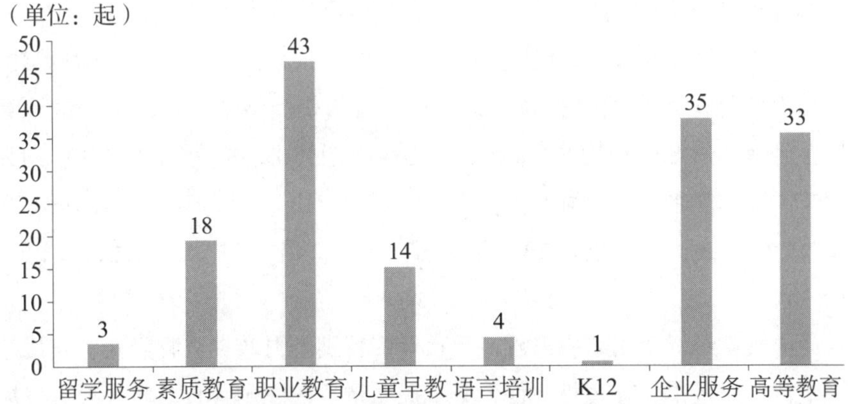

图 1.5　2022 年教育行业各细分赛道融资事件数量

数据来源：黑板洞察研究院，顶思教育整理

三、社会环境分析

近年来，随着国民经济的快速增长，国家对教育的投入逐年加大，教育的普惠属性进一步增强，人口受教育水平显著提高，教育满意度进一步提升。值得关注的是，我国富裕家庭总数及资产总额保持增长，预示着我国有能力选择和接受国际化特色学校的家庭数量在增多。在新冠疫情期间，我国教育部门多措并举“确保停课不停学”，不仅保障了国内基础教育有序开展，为留学海外学子的安全与学业保驾护航，也为世界应对疫情期间的教学提供了中国方案。

1. 国家教育经费投入逐年提高，公益普惠属性进一步增强

全国教育经费总投入由 2011 年的 2.4 万亿元提高至 2021 年的 5.8 万亿元（是 2011 年的 2.4 倍），年均增长 9.3%。国家财政性教育经费由 2011 年的不到 2 万亿元提高到 2021 年的 4.6 万亿元（是 2011 年的 2.5 倍），年

均增长 9.4%。2012–2021 年，国家财政性教育经费累计支出 33.5 万亿元[54]，年均增长 9.4%，高于同期 GDP 年均名义增幅（8.9%）和一般公共预算收入年均增幅（6.9%）。自 2012 年我国首次实现国家财政性教育经费支出占 GDP 的比例达到 4% 以来，这一比例已连续十年保持 4% 以上。

教育经费投入总量实现翻番的同时，生均经费水平也实现历史性跨越，生均财政保障水平大幅提高。2021 年，全国在校学生平均一般公共预算教育经费，幼儿园约为 9,506 元、普通小学约为 12,381 元、普通初中约为 17,772 元、普通高中约为 18,809 元、中职学校约为 17,095 元、普通高等学校约为 22,586 元，分别是 2011 年的 3.3 倍、2.2 倍、2.4 倍、2.5 倍、2.1 倍、1.5 倍。

从教育经费使用结构来看，教育经费特别是财政性教育经费的使用始终坚持“保基本、补短板、促公平、提质量”的原则，着力解决教育发展不平衡、不充分的问题。其中，优先保障义务教育，2012 年以来，国家财政性教育经费中用于义务教育的经费占比始终保持在一半以上，在各级教育中比重最大，2021 年达 2.3 万亿元，有力推动了城乡义务教育从基本均衡迈入优质均衡的发展阶段。

2022 年，中央财政安排“十四五”国家基础教育重大项目计划资金共计 605 亿元，其中学前教育发展资金 230 亿元、义务教育薄弱环节改善与能力提升项目资金 300 亿元、普通高中学校改善办学条件补助资金 70 亿元、特殊教育补助资金 5 亿元；支持引导各地增加普惠性学前教育资源和完善普惠保障机制，改善中小学办学条件，加大特殊教育学校建设，并向中西部地区倾斜。2022 年，全国有普惠性幼儿园 24.57 万所，比 2021 年增加 1,033 所，全国普惠性幼儿园在幼儿园总数中占比达 89.55%，比 2021 年提高了 1.77 个百分点；义务教育阶段进城务工人员随迁子女在公办学校就读和享受政府购买学位的比例达 95.2%，比 2021 年提高了 4.3 个百分点[55]。

［54］ 人民日报．国家财政性教育经费 10 年累计支出 33.5 万亿元［EB/OL］．（2022–10–08）［2023–06–06］．https://m.gmw.cn/baijia/2022-10/08/36069581.html.

［55］ 教育部基础教育司．2022 年基础教育发展提升有关情况［EB/OL］．（2023–03–23）［2023–06–06］．http://www.moe.gov.cn/fbh/live/2023/55167/sfcl/202303/t20230323_1052202.html.

2．中国富裕家庭总数及资产总额保持增长

胡润研究院2023年3月发布的《2022意才·胡润财富报告》显示，中国拥有600万人民币资产的“富裕家庭”、千万人民币资产的“高净值家庭”、亿元人民币资产的“超高净值家庭”数量分布已分别达到518万户、211万户、13.8万户，分别比2021年增加10万户、5万户和4,600户，年增长率分别为2.1%、2.5%和3.5%。拥有3,000万美元的“国际超高净值家庭”数量达到9.2万户，比2021年增加3,600户，年增长率为4.1%。中国富裕家庭拥有的总财富达164万亿元，比2021年增长2.5%[56]。

3．人口受教育水平显著提高，教育满意度稳中有升

我国人口受教育水平明显提高，人口素质不断提升。《2020年第七次全国人口普查公报》显示，15岁及以上人口的平均受教育年限从2010年的9.08年提高至9.91年。16–59岁劳动年龄人口平均受教育年限从2010年的9.67年提高至10.75年，文盲率从2010年的4.08%下降为2.67%。2020年，全国新增劳动力平均受教育年限为13.8年（见图1.6），比上年提高0.1年，

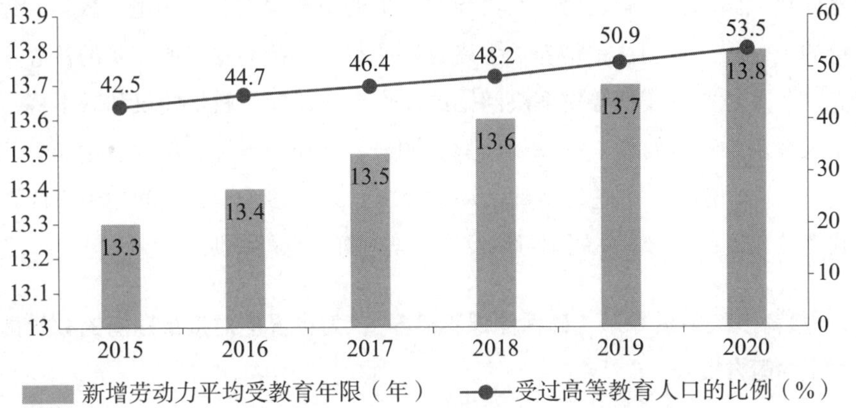

图1.6　2015–2020年新增劳动力平均受教育年限及受过高等教育人口的比例

［56］胡润研究院．2022意才·胡润财富报告［EB/OL］．(2023-03-10)［2023-06-06］．https://www.hurun.net/zh-CN/Info/Detail?num=HDE5A6CH11LE.

其中，受过高等教育人口比例达到53.5%，比上年提高2.6个百分点[57]。2021年，劳动年龄人口平均受教育年限为10.9年[58]。

我国基础教育改革发展取得新的显著成就，人民群众的满意度持续提升。中国教育科学研究院分别在2015年、2017年及2020年在全国展开了三轮全国基础教育满意度调查。《2020年全国基础教育满意度调查报告》显示，2020年基础教育总体满意度得分为83.79分。与2017年（81.41分）和2015年（79.16分）的调查结果相比，总体满意度稳中有升。这表明，人民群众对我国基础教育改革发展是满意的，且具有一定的稳定性。教育质量满意度得分为84.69分，教育公平满意度得分为78.39分。比较而言，人民群众对教育质量的认可度高于教育公平。其中，人民群众最满意的五个方面是，教师工作态度、学校疫情防控、师生关系、教师教学水平、学校对学习困难学生或残疾学生的帮扶[59]。

4.《义务教育课程方案和课程标准（2022版）》启动执行

2022年3月，教育部颁布《义务教育课程方案和课程标准（2022版）》，并于2022年秋季学期开始执行。新课标更加具有鲜明的时代特征和全球化、国际化视野，将“素养导向”贯彻于课程编制、实施、教学、评价的全过程，更加注重培养学生终身发展和适应社会发展所需要的核心素养，尤其是在真实情景中解决问题的能力。新课标在教学建议和教学提示中大量增加了如观察、考察、实验、调研、操作、设计、策划、制作、观赏、阅读、创作、创造等实践活动的要求，并在各个学科教学中引入问题式学习、项目学习、主题学习以及任务学习等综合教学形式。

5. 教育系统多措并举“确保停课不停学”，为世界应对疫情期间的教学提供了中国方案

中国是第一个全面有效控制住新冠疫情蔓延传播的国家。同时，中国

[57] 国家统计局．第七次全国人口普查公报（第六号）[R]．北京：国家统计局，2021.

[58] 教育部发展规划司．2021年全国教育事业统计主要结果[R]．北京：教育部，2022.

[59] 左晓梅、余蓉蓉．2020年全国基础教育满意度调查报告[R]．北京：中国教科院教育信息与数据统计研究所，2021.

也为世界抗击疫情贡献出了自己的力量。特别是自疫情暴发以来，国内教育系统积极组织落实“停课不停学”的工作方针，不仅为国内疫情下学校教育工作的有序开展提供了有力保障，也为国际教育恢复重建、平稳发展做出了积极的贡献。

新冠疫情发生以后，根据党中央、国务院的决策部署，教育部及时做出了延期开学的决定，提出“停课不停学”的工作方针，并且进一步统筹国家、地方和学校相关教学资源，提供丰富多彩、可供选择、覆盖各地的优质网上教育资源，力求把疫情对于学生学业的影响降到最低。2020 年 2 月，国家中小学网络云平台正式开通，上线了 4,649 课时的小学、初中、高中各学段主要学科课程学习资源和丰富的专题教育资源，为 1.8 亿中小学生的在线学习提供了重要支撑。截至 2022 年 2 月，国家中小学网络云平台浏览次数超 60 亿，用户覆盖包括港澳台在内的全国所有省、市、自治区及全球 174 个国家和地区，受到教师、学生和家长的广泛好评[60]。

教育部与各国使领馆通力合作，为在海外求学的中国留学生提供多项服务措施，保障他们的学习和生活。教育部和驻外使领馆制定了应急机制，建立了海外留学人员新冠病毒检测和日报制度，使海外留学人员群体感染数量和比例总体上处于比较低的水平。对于疫情严重国家，党和政府及时采取必要措施协助确实有困难急需回国的留学人员有序回国。民航局按照中央加强对我国境外公民关心关爱的总体要求，严格按照国务院联防联控机制的具体部署，对一些需求集中、飞行目的地有接收保障能力的城市，及时启动重大航空运输保障机制，安排临时航班协助海外公民回国。

教育部采取系列政策举措，切实解决部分我国赴境外国家和地区的留学生受新冠疫情影响及各国（地）入境、签证、航班等政策限制的问题，在一定程度上缓解了被迫改变、延迟甚至取消返校留学生的困境。这些措施包括：引导受疫情防控影响无法按时返校的留学人员通过在线方式修读部分课程，以及不将因此导致其境外停留时间不符合学制要求的情况作为影响其学历学位认证的因素；允许高校在确保教育公平的前提下，通过与

[60] 教育部. 国家中小学网络云平台浏览次数超 60 亿，所有资源免费使用 [EB/OL].（2021-01-13）[2022-01-30]. http://www.moe.gov.cn/fbh/live/2022/53959/mtbd/202202/t20220215_599558.html.

境外合作高校签订交换生协议等方式，接收留学生先行在国内借读学习；允许部分中外合作办学机构和项目以及内地（祖国大陆）与港澳台合作办学机构和项目在保证教育公平的前提下，考核招录部分符合特定条件的出国留学生，双向选择，择优录取，为学生提供国内求学机会；指导驻外使领馆教育部门积极与驻在国教育部门和高校联系，敦促其妥善解决我国留学人员学业受阻问题；为毕业生提供就业创业支持指导。

2022 年，新冠疫情持续在世界范围内蔓延，世界各国及主要国际组织纷纷出台政策支持教育的恢复与重建。我国总结教育系统抗击疫情的经验，积极与世界各国分享。由北京师范大学智慧学习研究院联席院长黄荣怀、刘德建带领学术团队完成的《弹性教学手册：中国“停课不停学”的经验》在联合国教科文组织教育信息技术研究所官方网站发布。教育部、中国联合国教科文组织全国委员会与联合国教科文组织驻华代表处、联合国儿童基金会驻华办事处和世界卫生组织驻华代表处合作编制了《教育应对疫情参考手册》，这些都为世界各国教育系统应对疫情期间的教学提供了中国方案。

四、技术环境分析

党的二十大报告首次将科技、教育、人才放在第五部分进行统筹部署。这体现了党中央始终将科技、教育、人才放在全面建设社会主义现代化国家的基础性、战略性支撑地位。在三者之间建立有机联系，通过协同配合、系统集成，必将塑造发展的新动能和新优势。

全球性是科技、教育、人才共同具有的鲜明特征。国际教育正是这三者系统集成的关键支点之一。因此，技术环境的分析是观察我国国际教育发展的又一个关键视角。

1. 研发投入持续保持高强度，教育信息化建设资金持续、稳定

科技创新的实现离不开资金的投入，尤其是研发经费的投入，大量的科技创新经费是科技研发的保证。在科学研究与实验发展的资金投入方面，

2022年，我国全社会研发经费投入规模首次突破3万亿元，达3.09万亿元[61]，较2021年增长10.4%。2012–2022年，我国全社会研发经费保持了较高的增长势头，从2012年的1.03万亿元增长到2022年的3.09万亿元，增加了3倍。其中，基础研究投入从2012年的499亿元提高到2022年的约1,951亿元，增长近4倍；基础研究投入占全社会研发经费的比重由4.8%提升至6.3%，研发投入强度从1.91%提升到2.55%[62]。

在教育信息化方面，投入规模相当可观。根据教育部发布的《教育信息化十年发展规划（2011–2020年）》，各级政府在教育经费中按不低于8%的比例支出教育信息化经费；与此同时，建立经费投入保障机制，鼓励企业和社会力量参与教育信息化建设与服务[63]。这一举措保障了教育信息化拥有持续、稳定的政府财政投入。艾瑞咨询发布的《2022年中国中小学教育信息化行业研究报告》显示，我国中小学教育信息化经费投入主要依靠财政性经费保障，2021年，经费投入已达1,634亿元[64]。

2. 研发队伍规模稳居世界第一，师生信息素养全面提升

我国科技创新研发队伍不断壮大，研发人员总量从2012年的325万人提高到2022年的约600万人，规模长期保持世界第一[65]。信息化与数字化产品的研发与创新也离不开使用者的素质。在数字化赋能基础教育的过程中，学校不再是提供单一的教与学活动的场所，而是成为人工智能等数字化技术集中应用的场所。教师和学生成为数字化教育技术重要的使用者和受益者。2023年2月13日，在教育部与中国联合国教科文组织全国委员会举办的世界数字教育大会上发布的《2022年中国智慧教育发展指数

[61] 财政部. 2022年中国财政政策执行情况报告［EB/OL］.（2023–03–21）［2023–06–06］. https://www.gov.cn/xinwen/2023-03/21/content_5747677.htm.

[62] 新华社. 我国全社会研发经费支出首次突破3万亿元［EB/OL］.（2023–02–24）［2023–06–06］. https://www.gov.cn/xinwen/2023-02/24/content_5743211.htm.

[63] 教育部. 教育部关于印发《教育信息化十年发展规划（2011–2020年）》的通知［EB/OL］.（2021–03–13）［2023–06–06］. http://www.moe.gov.cn/srcsite/A16/s3342/201203/t20120313_133322.html.

[64] 艾瑞咨询. 2022年中国中小学教育信息化行业研究报告［EB/OL］.（2022–03–29）［2023–06–06］. https://mp.weixin.qq.com/s/XNoRLsMlDiaeYkS9wzLtNA.

[65] 光明网. 科技部：我国研发人员总量连续多年世界第一［EB/OL］.（2023–02–24）［2023–06–06］. https://m.gmw.cn/baijia/2023-02/24/1303294448.html.

报告》显示，通过加强培育学生与教师信息素养和数字素养，近八成中小学生数字素养达到合格及以上水平；超过 86% 的教师数字素养达到合格及以上水平[66]。2022 年 11 月，教育部发布《教师数字素养》教育行业标准[67]，进一步提升教师利用数字技术优化、创新和变革教育教学活动的意识与能力。

3. 知识产权创造质量不断提升，国际合作深入开展

创新是科技发展的灵魂与动力，保护知识产权就是保护创新。一个不断优化的知识产权环境不仅能为科学技术的发展和创新提供良好的基础，也能不断孕育出更多的创新成果。改革开放以来，我国以举世罕见的速度和效率，完成了知识产权法律制度和组织体制的现代化变革，建立起了具有中国特色的本土化、现代化、国际化的知识产权治理体系。

2022 年，我国知识产权创造质量进一步提升，全年授权发明专利 79.8 万件，每万人口高价值发明专利拥有量达到 9.4 件，计算机软件著作权登记量为 183.5 万件。与此同时，我国知识产权积极深化开展国际合作，得到国际社会的广泛认可。2022 年，我国加入《工业品外观设计国际注册海牙协定》；高质量落实《区域全面经济伙伴关系协定》知识产权的相关内容；与世界知识产权组织联合编写知识产权金融国家报告、版权保护优秀案例示范点调研报告。我国在世界知识产权组织发布的《2022 年全球创新指数报告》中排名提升至全球第 11 位[68]。

4. 5G 网络覆盖用户规模、人工智能技术世界领先，产业生态初步形成

进入二十一世纪以来，人工智能、5G、大数据与教育加速融合，推动教育信息化向教育数字化快速演进。我国 5G 发展迅速，基本完成城乡室外连续覆盖。根据 2023 年 5 月国家互联网信息办公室发布的《数字中国发

[66] 新华社．我国智慧教育基础设施设备环境基本建成［EB/OL］.（2023-02-13）［2023-06-06］. http://www.moe.gov.cn/jyb_xwfb/xw_zt/moe_357/2023/2023_zt01/mtbd/202302/t20230214_1044643.html.

[67] 教育部．教育部关于发布《教师数字素养》教育行业标准的通知［EB/OL］.（2022-11-30）［2023-06-06］. http://www.moe.gov.cn/srcsite/A16/s3342/202302/t20230214_1044634.html.

[68] 新华社．2022 年我国知识产权发展状况知多少？［EB/OL］.（2023-04-26）［2023-06-06］. http://www.xinhuanet.com/politics/2023-04/26/c_1129566882.htm.

展报告（2022年）》，截至2022年底，我国累计建成开通5G基站231.2万个，5G用户达5.61亿户，全球占比均超过60%。全国110个城市达到千兆城市建设标准，千兆光网具备覆盖超过5亿户家庭的能力。移动物联网终端用户数达到18.45亿户，成为全球主要经济体中首个实现“物超人”的国家[69]。

人工智能是新一轮科技革命和产业变革的重要驱动力量，是智慧教育产业发展的重要技术依托。2013–2022年，全球累计人工智能发明专利申请量达72.9万项，我国累计申请量达38.9万项，占53.4%；全球累计人工智能发明专利授权量达24.4万项，我国累计授权量达10.2万项，占41.7%；我国智慧教育场景申请AI专利近2万件，其中发明专利占比超过九成[70]。另外，我国企业在应用算法、智能芯片、开源框架等关键核心技术上已取得重要突破，图像识别、语音识别等应用技术进入国际先进行列，人工智能人才培养规模世界领先，产业生态初具规模。截至2022年底，我国已有超过400所高校开办人工智能专业，高端人才居全球第二。全球人工智能代表企业数量27,255家，其中我国企业数量4,227家，约占全球企业总数的16%[71]。

5．教育科技实力领先全球，创新产品多元发展

我国政府及企业一直高度重视教育科学技术的研发与应用。在多年有计划地推进下，全国教育系统建立起了完善的教育基础设施，无论是城市还是相对偏远、落后地区的学校，都具备一定能力，通过积极运用5G、虚拟现实、机器人、物联网连接起教室、数字设备，制作和分享教学内容。另外，我国一直以来积极通过技术缓解全国教育资源不均衡的问题，利用在线教育和更多教育技术，向教育贫瘠地区输出优质教师及教育资源，精

[69] 光明日报.《数字中国发展报告（2022年）》发布我国5G用户达5.61亿户［EB/OL］.（2023-05-24）［2023-06-06］. https://www.gov.cn/govweb/lianbo/bumen/202305/content_6875868.htm.

[70] 北青网.《中国人工智能专利技术分析报告（2022）》正式发布［EB/OL］.（2022-12-21）［2023-06-06］. https://baijiahao.baidu.com/s?id=1752812498340922127&wfr=spider&for=pc.

[71] 工业和信息化部官方政务新媒体. 2022年核心产业规模达5080亿元，同比增长18%！人工智能产业迎来发展新机遇［EB/OL］.（2023-03-16）［2023-06-06］. https://mp.weixin.qq.com/s/PmN2W_2rI5XguKLXMSMB0g.

准补齐农村、边远、民族地区和薄弱学校的师资力量，大大缩小了基础设施薄弱地区与城市地区之间的教育差距。

在先进完善的基础设施的保障下，我国教育科技在图像、面部、文本和语音识别等方面的人工智能应用发展迅速，其支撑技术的应用和成果转化也领先全球。面对巨大的市场规模，我国的教育企业也是研发与运用技术实践的重要参与者。一些优质企业在图像识别、语音识别、自然语言理解、数据挖掘、深度学习等领域都有深入的研究，并取得阶段性成果，纷纷积极推出性价比高、技术领先的教育创新产品。

中国的教育科技企业在全球资本市场上也备受青睐。2021 年，全球教育科技领域的风险投资增长了 72%，达到 208 亿美元。根据 CB Insights 发布的《2021 全球独角兽企业名单》，截至 2021 年 6 月，已有 23 家国内知名教育科技公司入选这份共有 728 家估值超过 10 亿美元的企业名单[72]。2022 年，多个头部教育企业大力发展智慧教育，同时也出现了教育企业和互联网企业在智慧教育领域合作的典型案例；智慧校园、智慧线上学习平台、AI 考试、精准教学等成为新的成长赛道。

中国的互联网技术已经在多方面处于世界领先地位，伴随 5G、AI、VR/AR 等技术在教育领域的应用，新的软硬件服务升级，教育科技将从单一应用走向多项技术的融合发展。2022 年，教育科技行业已经初步形成 VR + 教育、区块链 + 教育、大数据 + 教育、教育科技内容、云 + 教育、消费级硬件 + 教育、传统信息化 + 教育、AI + 教育、IOT 基建 + 教育、5G（在线）+ 教育等十大类主要技术融合教育的新业态[73]。

6. 智慧教育环境基本建成，教育资源数字化平台服务全球

我国智慧教育基础设施设备环境基本建成，在优质教育资源供给、智慧教育公共服务平台服务建设方面成绩显著。2023 年 2 月，教育部发布的《中国智慧教育蓝皮书（2022）》显示，中国接入互联网的学校比例已接近

［72］ Josh Howarth. 21 Fastest-Growing Edtech Startups (2022) [EB/OL]. (2022) [2022-3-10]. https://explodingtopics.com/blog/edtech-startups.

［73］ 金茂教育、北塔资本. 2021 教育科技行业白皮书［R］. 北京：金茂教育、北塔资本，2021.

100%，98.35% 的中小学已拥有多媒体教室[74]。

2022 年 3 月，国家智慧教育公共服务平台正式上线。平台聚焦学生学习、教师教学、学校治理、赋能社会、教育创新等功能，开设专题教育、课程教学、德育、体育、美育、劳动教育、课后服务、教师研修、家庭教育、教改经验、教材等十余个版块，共 53 个栏目。平台现有资源总量 4.4 万条，其中，“课程教学”版块资源 2.5 万课时，覆盖 30 个版本、446 册教材。教育部统计数据显示，平台共连接 52.9 万所学校，面向 1,844 万教师、2.91 亿学生和广大社会学习者，汇聚中小学资源 4.4 万条[75]。

国家中小学智慧教育平台自 2022 年 3 月上线以来，平台（含 APP）总浏览量 152 亿，总访客量 2.8 亿人，注册人数 6,032 万，用户遍及五大洲的 200 多个国家和地区。与此同时，我国已组织超过 10 场全球在线教育对话活动，开设 168 门全球融合式课程，吸引全球学习者 730 万人[76]。

我国教育部在 2022 年 12 月举办的“2022 世界慕课与在线教育大会”提出的四点倡议中指出，未来将进一步“扩大开放合作，构建全球教育共同体”，继续推动数字教育资源的开放和共享，联合各国力量构建全球教育数字化共同体，进一步实现课程共享、学分互认，为全球学习者提供更丰富更优质的资源[77]。

[74] 新华社．我国智慧教育基础设施设备环境基本建成［EB/OL］.（2023-02-13）［2023-06-06］. http://www.moe.gov.cn/jyb_xwfb/xw_zt/moe_357/2023/2023_zt01/mtbd/202302/t20230214_1044643.html.

[75] 人民日报海外版．国家智慧教育公共服务平台访客量已超 11 亿人次 智慧课堂让学习更有趣［EB/OL］.（2023-05-28）［2023-06-06］. https://edu.cnr.cn/sy/sytjA/20230528/t20230528_526266695.shtml.

[76] 人民日报海外版．让网络跨越时空 让合作超越隔阂 数字化引领教育现代化——现场直击世界数字教育大会［EB/OL］.（2023-02-20）［2023-06-06］. http://www.moe.gov.cn/jyb_xwfb/xw_zt/moe_357/2023/2023_zt01/mtbd/202302/t20230220_1046007.html.

[77] 教育部．2022 世界慕课与在线教育大会在线上举行［EB/OL］.（2022-12-09）［2023-06-06］. http://www.moe.gov.cn/jyb_xwfb/gzdt_gzdt/s5987/202212/t20221209_1028748.html.

第二章　国际教育行业数据与分析

一、留学人员的统计数据与特点

1．出国留学人员增速放缓，有望恢复至疫情前水平

根据教育部官方统计数据，2009–2019 年，我国出国留学人员数量逐年攀升，十年间已累计超过 516 万人。自 2017 年起，同比增速开始放缓。2019 年的增长率为 6%，仅是 2017 年 12% 的一半。在本书撰写期间，教育部暂未发布 2020 年和 2021 年出国留学人员的相关统计官方数据。顶思教育结合部分海内外权威留学相关机构的研究报告分析得出，受新冠疫情的影响，我国 2020 年和 2021 年留学人员总体数量会出现一定程度的下降，但 2021–2022 年，各国在疫苗互认、解除旅行限制、恢复线下授课等方面取得初步成效，留学人数总量将会逐步恢复到疫情前的水平。

2．留学回国人员数量增速显著

自 2018 年起，出国留学人员中学成回国的人数占比持续上升。2019 年各类留学回国人员总数为 58.03 万人，较 2018 年增加 6.09 万人，增长 11.73%。教育部统计数据显示，1978–2019 年，各类出国留学人员累计达 656.06 万人，其中 165.62 万人正在国外进行不同阶段的学习或研究；490.44 万人已完成学业；423.17 万人在完成学业后选择回国发展，占已完成学业群体的 86.28%。

疫情因素在一定程度上加速了留学归国人数的增长。对比智联研究院发布的 2020 和 2021《中国海归就业创业调查报告》中的数据，可以看出，2020 年全年在国内求职的海归总人数同比增长 33.9%，其中应届留学生人数猛增 67.3%。2021 年在国内求职的海归总人数及应届留学生人数均与 2020 年

基本持平，前者同比下降 0.5%，后者增长 0.5%。2020 年，66.6% 的受访海归认为回国求职就业会有更好的发展，其中 56.8% 的受访海归将“国内疫情管控效果更好”作为其选择回国就业的首要原因[78]。据教育部统计，党的十八大以来，我国各类出国留学人员中超过八成完成学业后选择回国发展[79]。

3. 留学行业投融资热度呈现放缓态势，行业迭代升级潜力明显

自 2019 年起，国内留学服务行业投融资数量大幅回落，投融资金额和事件数量逐年双双递减（见图 2.1）。根据不完全统计，2021 年共有 7 起投融资事件，总额仅为 1.61 亿元[80]。顶思教育认为，留学服务行业投融资遇冷主要是与疫情给全球留学服务行业带来的重创有关，与留学服务行业自身的传统服务业态日臻成熟和市场饱和也有一定关系。但随着留学市场近年来发展中出现的新变化和新特点，留学服务市场有进一步迭代升级的

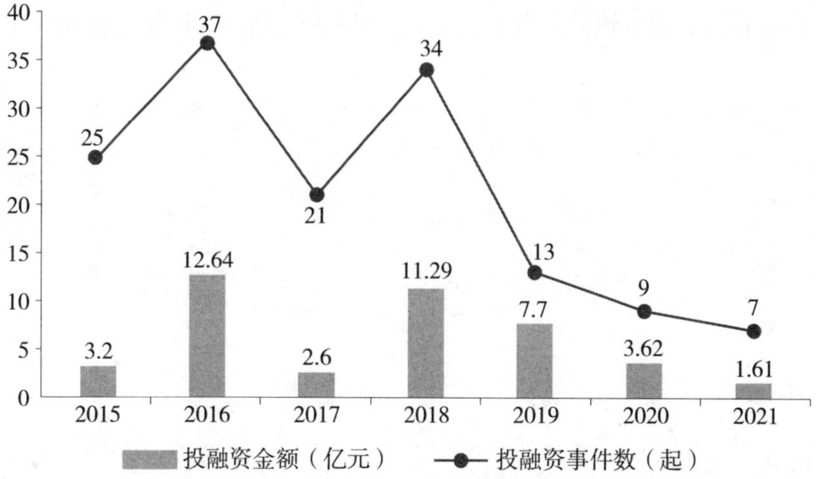

图 2.1　2005-2021 年中国留学服务行业投融资金额和事件数量

数据来源：亿欧数据，顶思教育整理

[78] 智联研究院. 中国海归就业创业调查报告 [R]. 北京：智联招聘，2022.

[79] 教育部. 教育部：2016–2019 年我国留学生学成回国占比达八成 [EB/OL].（2020-12-22）[2023-06-06]. http://www.moe.gov.cn/fbh/live/2020/52834/mtbd/202012/t20201223_507088.html.

[80] 亿欧网. 后疫情时代，海道教育引领留学后市场，为留学生护航 [EB/OL].（2021-12-15）[2023-06-06]. https://baijiahao.baidu.com/s?id=1719178880455244350&wfr=spider&for=pc.

潜力。留学服务行业传统业态主要集中在前期申请阶段，这一部分基本业态较为完善，头部企业的优势明显。但近年来，海外院校为选拔优质生源，开始弱化标准化成绩在选拔过程中的权重，更看重申请者的公益项目、竞赛、活动经历、科研等“软实力”。同时，海外优质教育资源竞争加剧，留学规划周期也开始向前延长，越来越多的申请者更看重留学服务的多元化和个性化，期待能够满足不同阶段的留学服务需求。留学服务行业在做好传统业务的同时，也开始提供更多留学期间及学成后的服务，如海外课程辅导、职业规划、海外就业实习、归国求职就业等新服务链。

4．教育部留学预算 2019 年显著提高，随后逐年降低

《教育部 2019 年部门预算》显示，2019 年出国留学教育财政拨款预算达到 529,700 万元，比 2018 年出国留学教育预算增加 147,135 万元，涨幅达到了 38.46%，主要原因是出国留学生规模增加、奖学金标准提高[81]。顶思教育认为，留学预算经费的上涨（见图 2.2），体现了国家对扩大教育开

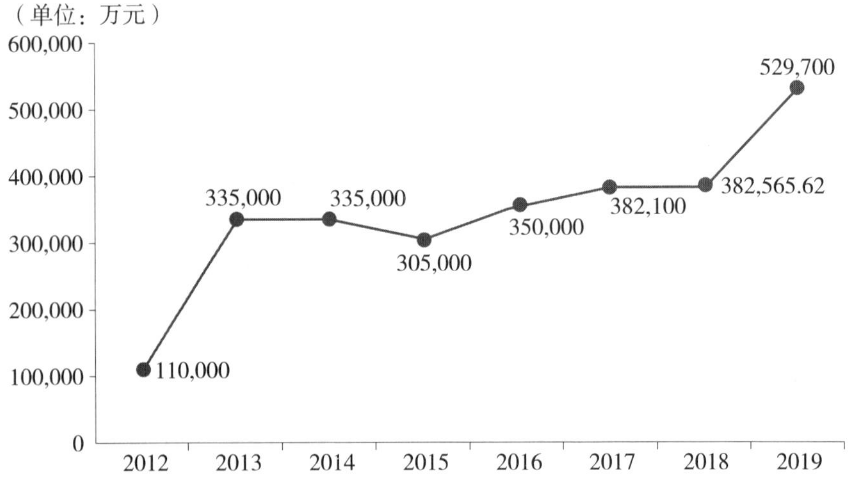

图 2.2　2012–2019 年教育部出国留学教育预算

数据来源：教育部，顶思教育整理

[81]　教育部. 教育部 2019 年部门预算［EB/OL］.（2019-04-02）［2022-2-25］. http://www.moe.gov.cn/srcsite/A05/s7499/201904/t20190402_376479.html.

放，培养大量、优质留学生的重视，通过提高留学经费等方式不断推动留学生数量和质量的提升。

受疫情对出国留学的影响，公派留学人员大幅度减少，教育部分别于2020年、2021年和2022年逐年下调出国留学预算。教育部公布的2023年出国留学预算为260,329.61万元，与2022年持平[82]。

5．新冠疫情扰乱了部分学生的留学计划

2020年起，新冠疫情在全球蔓延，主要留学目的地国家收紧了出入境政策，阻碍了人员往来。同时，海外大学在疫情期间调整授课方式，多采用线上方式进行授课，一定程度上降低了留学生活的体验感和性价比。一些国家每日确诊人数大幅增长，导致感染概率增加。面对这样的现状，不仅在海外就读的中国留学生成批回国，而且大量准留学生也不得不改变自己的留学计划。

全球高等教育分析机构Quacquarelli Symonds（QS）2021年发布的《新冠疫情如何影响全球留学生》报告显示，2020–2021年，66%的受访中国学生表示，疫情影响了他们的留学计划，其中48%的中国学生表示将推迟留学计划到下一年，6%的中国学生计划更换留学目的地，另有4%的中国学生放弃了留学计划[83]。

6．八大热门留学目的地，中国留学生人数涨跌互现

综合美国国际教育协会（IIE）和各国研究机构数据，2021–2022学年，中国学生高等教育阶段八大热门留学目的地分别为美国（290,086人）、澳大利亚（152,715人）、英国（150,720人）、加拿大（105,265人）、日本（94,063人）、俄罗斯（39,939人）、德国（40,122人）、法国（27,950人）。其中，美、澳、英三国合计占比近七成。

[82] 教育部．教育部2023年部门预算［EB/OL］.（2023–03–28）［2023–6–1］. http://www.moe.gov.cn/srcsite/A05/s7499/202303/t20230328_1053164.html.

[83] Quacquarelli Symonds, How Covid-19 Is Impacting Prospective International Student Across the Globe [R]. USA: 2021.

从近几年的发展情况来看，八个国家中国留学生人数涨跌互现，美、澳、法三国数据均有下降，而英、日、俄等国家则呈上升趋势。

从总量上来看，在疫情影响下，近年来中国海外留学人数在保持相对稳定的基础上，略有下降。而从趋势上来看，较 2020–2021 学年，2021–2022 学年留学人数呈现温和上涨态势，且随着出入境政策放开，未来有望进一步回暖。

7．赴美留学人数出现历史拐点，疫情后正在有序恢复

通过分析 IIE 发布的 2009–2022 年的统计数据不难发现，2020–2021 学年，中国赴美留学人数出现历年来首次下降，总人数为 317,299 人；2021–2022 学年，人数进一步下降，跌破 30 万大关，相较于 2019–2020 学年的峰值 372,532 人下降 22.7%。尽管人数出现下滑，但中国留学生仍以 30.6% 的占比，保持了自 2009–2010 学年以来，连续 13 年占据美国国际学生最主要来源国的地位[84]。

8．2020–2022 年澳大利亚中国留学生人数以年均 10% 的速率递减

根据澳大利亚联邦教育部官方网站发布的国际学生统计数据，2022 年，澳大利亚国际学生人数总计为 619,371 人。其中中国留学生人数最多，达到 156,217 人。对比 2013–2022 年留学澳大利亚的中国留学生的人数不难发现，自 2013 年起，赴澳留学人数逐年增多，于 2019 年达到历史峰值（见图 2.3），该年共有 211,996 人，2020–2022 年人数以年均 10% 的幅度递减。

[84] Institute of International Education. Open Doors Report on International Education Exchange（2021/22）[EB/OL]. (2022-11-14) [2023-06-06]. https://opendoorsdata.org/annual-release/international-students/#key-findings.

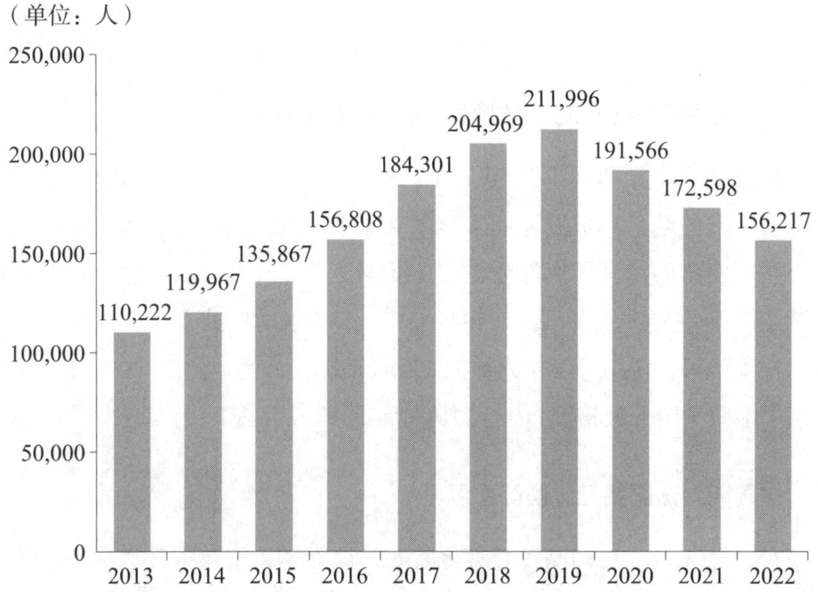

图 2.3　2013–2022 年中国赴澳大利亚留学人数

数据来源：澳大利亚教育部官网，顶思教育整理

9．后疫情学年赴英留学人数不减反增

英国高等教育统计局发布的数据显示，近年来中国赴英国接受高等教育的人数逐年递增。2021–2022 学年，英国国际学生中来自中国的学生人数为 151,690 人。相比 2020–2021 学年增长 5.5%。2017–2022 年，中国赴英留学人数保持稳定高速增长，这期间中国学生人数增加了 44,475 人，从 106,530 人上涨到 151,690 人，整体上涨了约 42%。

10．加拿大发放国际学生许可数量创历史新高，迎来 52,165 名中国留学生

根据加拿大移民、难民和公民部发布的数据显示，截至 2022 年 12 月，加拿大创纪录地迎来了来自 184 个国家地区的 551,405 名国际学生，并在该年共向 807,750 名国际学生发放有效的学习许可，这一数字创造了历史最高值。加拿大政府近年来向国际学生发放学习许可的数量逐年递增。2022 年，

共有 52,165 名中国学生赴加拿大留学，位列加拿大国际学生人数排行榜第二位[85]。

11. 赴德留学中国学生近三年增长 9%，突破 4 万人

2022 年是中德两国建交 50 周年。近十年来，中国学生赴德留学人数呈现稳步上升的趋势。根据德意志学术交流中心和德国高等教育与科学研究中心共同发布的《科学大都会 2022》报告，近二十年来，中国一直是德国国际学生最主要的生源国，2020–2021 学年冬季学期共有 40,122 名中国留学生在德学习，占国际学生总数的 12.4%，排在首位。2020–2021 学年冬季学期中国留学生人数相较 2017–2018 学年同期，增长了 9%[86]。

12. 中国成为法国第三大国际生源国

2022 年 6 月，法国高等教育署发布的国际学生统计报告显示，2000 年以来，法国的国际学生数量持续增长，二十多年来增长了 70%。2020–2021 学年，中国是法国的第三大留学生来源国，人数达 27,950 人[87]。

二、来华留学人数逐年递增，学历生比例显著提高

越来越多的国际学生将目光投向中国，选择到中国留学渐成潮流。教育部数据显示，1978 年，来华留学总人数还仅有 1,236 人。1999 年以来，来华留学人数稳步增长，已经由 1999 年的 1.15 万人增长到 2018 年的 49.21 万人，增长了近 42 倍。截至 2018 年，全国 31 个省（区、市）的 1,004 所高校共接收了来自 196 个国家和地区的 492,185 名外国留学人员，比 2017

[85] Asheesh Moosapeta. Canada breaks record by welcoming over 550,000 new international students in 2022 [EB/OL]. (2023-01-15) [2023-06-01]. https://www.cicnews.com/2023/02/canada-breaks-record-by-welcoming-over-550000-new-international-students-in-2022-0233097.html.

[86] Deutscher Akademischer Austauschdienst&German Centre for Higher Education Research and Science Studies. Wissenschaft weltoffen 2022 [R]. Deutschland:Deutscher Akademischer Austauschdienst&German Centre for Higher Education Research and Science Studies, 2022.

[87] Campus France. Les Chiffres Clés 2022 [EB/OL]. (2022-06) [2022-11-06]. https://ressources.campusfrance.org/publications/chiffres_cles/en/synthese_chiffres_cles_2022_en.pdf.

年增加了3,013人，增长比例为0.62%（以上数据均不含港、澳、台地区）。2021年，来华留学生的学历教育学生占比达76%，比2012年提高了35个百分点。我国已成为世界第三、亚洲第一留学目的地国。

在来华留学生数量逐年增长的同时，我国更加注重来华留学工作质量的提高。“十三五”期间，教育部相继出台《学校招收和培养国际学生管理办法》《来华留学生高等教育质量规范（试行）》《中国政府奖学金工作管理办法》，规范高校接收国际学生的资格条件，不断提高来华留学质量，完善监管体系，优化来华留学生结构。

与此同时，我国积极打造“留学中国”品牌。“十三五”期间，我国在海外十多个国家22个城市举办“留学中国”教育展22场，中国院校累计460所次参展。“留学中国”教育展有力地促进了我国教育对外开放和来华留学事业的发展。

三、中外合作办学发展势头迅猛，“鲁班工坊”显职业教育国际化成果

1. 中外合作办学发展势头迅猛

中外合作办学是我国引进境外优质教育资源、培养融通中外教育人才、助力教育对外开放的重要途径之一。自2003年《中外合作办学条例》及其实施办法施行以来，我国中外合作办学工作取得了跨越式的发展和举世瞩目的成绩。在国家“扩大开放、规范办学、依法管理、促进发展”方针的指引下，各地纷纷开始探索中外合作办学。经过多年发展，截至2021年底，全国共有各类中外合作办学机构及项目2,447个，其中本科以上层次机构和项目1,340个，专科层次机构和项目1,016个；合作对象涉及39个国家和地区，1,000余所境外高校，900多所中方高校[88]。

合作学校中，112所原“211工程”高校中有103所开设中外合作办学，

［88］ 范晨，汤涟猗．共话后疫情时代中外合作办学新发展 第六届中外合作大学联盟理事会会议圆满落幕［J］．留学，2020（22）：24–26.

参与率高达 92%；39 所原“985 工程”高校中仅有 2 所尚未涉足，参与率高达 94.9%；首批 137 所“双一流”建设高校中，有 120 所开展中外合作办学，占比 87.6%[89]。

2020 年，教育部等八部门联合印发《关于加快和扩大新时代教育对外开放的意见》，对中外合作办学提出了更高要求。“十四五”期间我国将继续统筹推进中外合作办学高质量发展，在优质教育资源引进和国际人才培养等方面深化改革创新，并在此基础上不断优化中外合作办学的布局，特别是在办学层次、类型结构、学科专业、办学区域、合作院校所在国家（地区）布局等方面进行调整和优化，持续发挥中外合作办学对我国教育对外开放和国际化人才培养的促进作用。

2．“鲁班工坊”显职业教育国际化成果

“鲁班工坊”作为职业教育服务“一带一路”建设的重点项目，是推动职业教育国际化发展的重大创新。在教育部的大力指导与支持下，“鲁班工坊”建设取得了丰硕的成果，彰显了开拓创新、精益求精的中国工匠精神与携手并进、共同发展的国际合作理念。截至 2022 年底，已在泰国、英国、印度等 19 个亚非欧国家建成 20 个鲁班工坊。另外，俄罗斯、塔吉克斯坦两国项目在 2022 年 11 月获认定为鲁班工坊运营项目[90]。2023 年，加纳农业鲁班工坊也建设成功[91]。这标志着我国“鲁班工坊”项目已经实现规模化，培养数量在不断增长。

“鲁班工坊”以学历教育与职业培训两种方式展开，其中以“鲁班工坊”为载体的学历教育包括来华留学生教育和在合作国家的本土教育两个部分。在职业课程建设及教材开发方面，中外专业教师合作开发了 79 门相关专业的课程，中方专业教师已研发了中外文双语的专业教材 90 本。

［89］ 郭强.【强国教育丛谈】中外合作办学的发展历史及前景［EB/OL］.（2021-05-08）［2022-4-6］. https://baijiahao.baidu.com/s?id=1699155105633246009&wfr=spider&for=pc.

［90］ 中国教育国际交流协会. 俄罗斯、塔吉克斯坦两项目获认定为鲁班工坊运营项目［EB/OL］.（2022-11-29）［2023-06-06］. https://mp.weixin.qq.com/s/mojifsbn9nDyqOClaoyECw.

［91］ 新华社. 鲁班工坊落地加纳［EB/OL］.（2023-06-05）［2023-06-06］. https://www.yidaiyilu.gov.cn/xwzx/hwxw/321913.htm.

“鲁班工坊”的办学质量得到广泛认可。截至 2020 年 3 月，已有 10 个国际化专业教学标准获得合作国教育部评估认证，被纳入其国民教育体系，正式开始招生[92]。

四、建设国际人才发展环境，外籍人员子女学校政策体系进一步优化

外籍人员子女学校是我国对外开放进程中出现的涉外办学特殊形式，在妥善解决在华外籍人员子女入学问题方面起到了积极的作用，有力地改善了我国投资营商环境，一定程度上促进了我国对外开放与经济社会的发展。在全球化步伐加快与我国当前产业结构转型升级的契机下，国内一些经济基础较好的城市随着外籍人口的不断涌入而逐步成为国际化城市。高端国际人才在外籍人口当中所占的比例也逐步增长，为我国经济社会进一步发展提供了强大的人力资源支持。他们大多数来自发达国家，平均受教育年限较高，高学历人口占有很大比重，通常举家迁移，携带家属子女来华从商、就业或学习，对国际教育等服务的需求也日益增加。

2022 年，我国外籍人员子女学校的数量有了一定的增长。根据顶思教育统计，我国共有 165 所外籍人员子女学校，占全国国际化特色学校总量的 12%。2022 年，新增外籍人员子女学校共 9 所，占全年国际化特色学校新增校数量的 25%。这一定程度上反映了我国外籍人员子女学校的办学体系不断完善，吸引力不断扩大，潜在市场逐渐扩大。外籍人员子女学校的办学实践为许多城市推进教育国际化做出了贡献。

这样良好的发展态势与近年来国内服务国际化人才、优化营商环境、建设“类海外”环境密不可分。为外籍人员子女提供与国际课程接轨的教育服务，建设包括国际学校、医院、人才公寓在内的国际社区，吸引并留住外资及高端国际人才，促进城市外商投资环境的优化，成为国内经济发达城市的使命之一。

[92] 杨延，王岚．中国职教“走出去”项目“鲁班工坊”国际化品牌建设研究［J］．中国职业技术教育，2021（12）：124-127+136.

特别值得关注的是，2022 年，我国涉外办学高质量发展的政策环境逐步完善，从国家到地方出台了一系列政策，在下放建校审批权、规范学校名称、扩大办学主体范围、明确界定招生范围等方面进行了管理与规范，很好地促进了外籍人员子女学校的健康有序发展。

1. 下放建校审批权

外籍人员子女学校的办校审批权经历了从国务院行政部门到省级教育行政部门、再到部分城市区教委的逐级下放过程。1995 年 4 月 5 日发布的《国家教委关于开办外籍子女学校的暂行管理办法》中首次明确了外籍人员子女学校的办学条件、审批流程等要求，并强调“开办学校，由申请人向拟办学所在地的省、自治区、直辖市教育行政部门提出申请，经审核同意后，报国务院教育行政部门审批”[93]。2012 年 10 月，为积极适应经济社会发展需要，推进行政审批制度改革，国务院颁布《国务院关于第六批取消和调整行政审批项目的决定》，将开办外籍人员子女学校审批权由教育部下放到省级人民政府教育行政部门。

为完善外籍人员子女学校审批权下放后的审批与监管工作，确保有关工作有序开展，2015 年，教育部出台了《关于做好外籍人员子女学校有关工作的意见》，明确了国家对外籍人员子女学校“从严审批、按需设立、依法管理”的方针，进一步界定了教育部与各省级教育行政部门在管理外籍人员子女学校方面的职责。此后，各省市也陆续出台相应的管理办法。我国形成了从国家到地方相对完整、各司其职的政策法规体系，为外籍人员子女学校的发展提供了良好的政策环境。

自 2017 年起，外籍人员子女学校的审批权在实践过程中进一步下放，在部分城市由省级教育行政部门逐渐下放到市、区、县一级教育行政部门。2017 年，广东省教育厅率先把厅权责清单中的“开办外籍人员子女学校审批”事项下放至广州、深圳市教育行政部门实施[94]。2020 年 7 月 1 日，北

[93] 国家教委. 关于开办外籍人员子女学校的暂行管理办法［EB/OL］.（1995-04-05）［2023-06-01］. http://www.moe.gov.cn/srcsite/A02/s5911/moe_621/199504/t19950405_81906.html.

[94] 广东省教育厅. 广东省教育厅关于下放开办外籍人员子女学校审批事项的公告［EB/OL］.（2017-06-30）［2022-11-08］. http://edu.gd.gov.cn/zwgknew/gsgg/content/post_3421069.html.

京市教育委员会、北京市民政局关于印发《北京市外籍人员子女学校管理办法（修订）》的通知中已经将行政区内外籍人员子女学校的规划、审批、监管等工作进一步由市教委下放到区教委[95]。2022年3月，重庆市教委将外籍子女学校审批权下放到了区县教育行政部门[96]。

2．规范学校名称

教育部于2015年出台的《关于做好外籍人员子女学校有关工作的意见》中规范了外籍人员子女学校名称的使用，确定了“外籍人员子女学校只能使用一个名称，其外文译名应当与中文名称相符”“不得冠以‘中国’‘中华’‘全国’‘世界’‘全球’等字样”“‘外籍人员子女学校’必须作为学校名称后缀使用”等原则。2021年5月，中共中央办公厅、国务院办公厅印发的《关于规范民办义务教育发展的意见》进一步推动了各地民办国际化学校及外籍人员子女学校的更名。2021年以来，北京、上海、广东、江苏、四川、河北、河南等地的外籍人员子女学校纷纷按照要求公布新的校名。

3．扩大办学主体范围

由于外籍人员子女学校服务对象的特殊性，其办学主体长期以来相对单一，主要为“在中国境内合法设立的外国机构、外资企业、国际组织的驻华机构和合法居留的外国人”。外籍人员在华子女的教育形成了“外籍人员办、外籍人员享”的格局。近年来，随着我国促进城市国际化转型、大力吸引海外高素质人才、创设“类海外”环境步伐的加快，外籍人员子女学校办学主体限定于外资机构、外籍人员的规定并不能充分体现市场的平等原则，也不能适应市场化、法治化、国际化的营商环境。

为扩大外籍人员子女学校办学主体的范围，相关政策的出台经历了从

［95］ 教育部．教育部关于做好外籍人员子女学校有关工作的意见［EB/OL］．（2015-01-08）［2023-06-01］．http://www.moe.gov.cn/srcsite/A20/moe_861/201501/t20150108_189353.html.

［96］ 重庆市教委国际处．重庆市教育委员会关于试点放宽外籍人员子女学校举办者市场准入的通知［EB/OL］．（2022-03-07）［2022-11-08］．http://jw.cq.gov.cn/zwxx_209/gggs/202203/t20220307_10471525_wap.html.

地方到国家再到地方的过程，并以城市试点的形式逐步推进。2020 年，北京市教育委员会、北京市民政局印发《北京市外籍人员子女学校管理办法（修订）》的通知，将“中国国家机构以外的社会组织或个人”纳入外籍人员子女学校的办学主体[97]。

在国家层面，国务院于 2021 年 11 月 25 日颁发了《国务院关于开展营商环境创新试点工作的意见》，设定北京、上海、重庆、杭州、广州、深圳六个城市为首批开展营商环境创新试点的城市，公布了首批营商环境创新试点改革事项清单，共 10 个方面，101 项改革措施。其中在“优化外商投资和国际人才服务管理”中提到了“放宽外籍人员子女学校举办者的市场准入，允许内资企业和中国公民开办外籍人员子女学校，为外籍人才在华工作生活提供便利”，且明确此项改革事项由教育部作为主管部门和单位[98]。

国家层面的政策一出，试点城市纷纷出台了落实细则。2021 年 12 月 29 日，北京市商务局率先印发《北京市关于进一步加强稳外资工作的若干措施》的通知，再次强调“放宽举办者限制，允许中国社会组织和个人举办外籍人员子女学校”[99]。

2022 年 1 月 24 日，国家发改委、商务部联合发布《国家发展改革委 商务部关于深圳建设中国特色社会主义先行示范区放宽市场准入若干特别措施的意见》，其中明确“放宽外籍人员子女学校举办者市场准入，允许内资企业或中国公民等开办外籍人员子女学校，促进内资企业吸引外籍人才”[100]。

2022 年 3 月 7 日，重庆市教育委员会发布了《关于试点放宽外籍人员

[97] 北京市政府．北京市教育委员会 北京市民政局关于印发《北京市外籍人员子女学校管理办法（修订）》的通知［EB/OL］.（2020–06–18）［2022–11–08］. https://www.beijing.gov.cn/zhengce/zhengcefagui/202007/t20200709_1943722.html.

[98] 国务院．国务院关于开展营商环境创新试点工作的意见［EB/OL］.（2021–10–31）［2022–11–08］. http://www.gov.cn/zhengce/content/2021-11/25/content_5653257.htm.

[99] 北京市人民政府．北京市商务局印发《北京市关于进一步加强稳外资工作的若干措施》的通知［EB/OL］.（2021–12–29）［2022–11–8］. http://www.beijing.gov.cn/zhengce/zhengcefagui/202112/t20211229_2577101.html.

[100] 国家发展改革委、商务部．国家发展改革委商务部关于深圳建设中国特色社会主义先行示范区放宽市场准入若干特别措施的意见［EB/OL］.（2022–01–24）［2022–11–08］. http://www.gov.cn/zhengce/zhengceku/2022-01/26/content_5670555.htm.

子女学校举办者市场准入的通知》，将“内资企业和中国公民”纳入外籍人员子女学校的举办者范围[101]。

2022 年 4 月 20 日，杭州市教育局为落实《关于开展营商环境创新试点工作的意见》和《杭州市人民政府关于印发杭州市国家营商环境创新试点实施方案的通知》精神，开始作为牵头单位负责实施“允许内资企业或中国公民开办外籍人员子女学校”的措施[102]。

4. 明确界定招生范围

近年来，国家及地方出台了一系列政策，明确界定外籍人员子女学校的招生范围。外籍人员子女学校主要服务中国境内合法居留的外籍人员的随行子女。《关于开办外籍人员子女学校的暂行管理办法》中明确规定，学校不得招收境内中国公民的子女入学。例如成都市《成都市在蓉外籍适龄少年儿童入学办法（试行）》中所界定的“外籍适龄少年儿童，是指根据《中华人民共和国国籍法》不具有中国国籍的外国公民，包括在成都工作（学习）或投资的外籍人士适龄子女（含被监护人，下同）和跟随法定监护人在成都居住、生活的外籍适龄少年儿童”[103]。

在扩大招生范围方面，2020 年，江苏发布的《江苏省外籍人员子女学校管理暂行办法》提出，经设区市教育行政部门审核，外籍人员子女学校可适当招收在当地合法居留的港澳台居民子女、在境外依法定居的中国公民的子女以及符合相关规定的引进人才子女[104]。

2022 年 4 月 1 日，教育部发布的《关于进一步做好普通中小学招生入

[101] 重庆市教委国际处．重庆市教育委员会关于试点放宽外籍人员子女学校举办者市场准入的通知［EB/OL］.（2022-03-07）［2022-11-08］. http://jw.cq.gov.cn/zwxx_209/gggs/202203/t20220307_10471525_wap.html.

[102] 杭州市教育局．关于实施“允许内资企业或中国公民开办外籍人员子女学校”改革试点的说明［EB/OL］.（2022-04-20）［2022-11-08］. http://edu.hangzhou.gov.cn/art/2022/4/20/art_1228921921_58939909.html.

[103] 成都市教育局．成都市教育局关于印发《成都市在蓉外籍适龄少年儿童入学办法（试行）》的通知［EB/OL］.（2020-04-17）［2023-06-01］. http://www.jinniu.gov.cn/jinniu/c147414/2021-04/25/e99b3db7485b42c89be3ff87a41bfe9f/files/9f6e28002f374676bb17404ef39702c1.pdf.

[104] 江苏省教育厅、江苏省民政厅．省教育厅省民政厅关于印发《江苏省外籍人员子女学校管理暂行办法》的通知［EB/OL］.（2020-05-06）［2023-06-01］. http://doe.jiangsu.gov.cn/art/2020/5/9/art_58961_9083711.html.

学工作的通知》特别提出，加强外籍人员子女学校招生管理，不得假借民办学校等名义招收中国籍学生[105]。

五、中国教育走向世界，境外办学呈现良好发展态势

1. 中国特色海外国际学校“走出去”步伐加快

在海外建设具有中国特色的海外国际学校是中国基础教育进一步对外开放、实现基础教育“走出去”的应有之义。2019 年 12 月 6 日，教育部官网公布的《关于政协十三届全国委员会第二次会议第 3429 号（教育类 393 号）提案答复的函》称，“加快建设中国特色海外国际学校，有利于解决各类驻外机构、海外中资机构工作人员以及赴海外经商、务工人员随居子女在国外接受汉语教育问题，同时为海外华侨华人子女学习中文、学习中国历史文化提供便利”[106]。

截至 2022 年底，已经建设完成和正在建设中的中国特色海外国际学校共有四所。

（1）迪拜中国学校

迪拜中国学校是由教育部委托杭州市教育局承办、杭州市第二中学负责运营、依阿联酋法律设立的具有独立法人资格的非营利性教育机构。迪拜中国学校不仅是教育部首批海外中国国际学校试点单位，还是海外成功创办的第一家全日制中国学校，是中国教育“走出去”第一所海外基础教育中国国际学校。

迪拜中国学校是一所涵盖小学、初中、高中 12 年制的非营利性全日制学校，规划在校生规模 800 人。小学部已在 2020 年秋季开学，招收一至五年级学生，以后逐年拓展招生学段。该校以中国全日制课程（包括校本课程）为主，涵盖全部学科和相关标准，以迪拜地方课程和国际课程为辅，

[105] 教育部办公厅. 教育部办公厅关于进一步做好普通中小学招生入学工作的通知［EB/OL］.（2022-03-28）［2023-06-01］. https://www.gov.cn/zhengce/zhengceku/2022-04/01/content_5682919.htm.

[106] 教育部. 关于政协十三届全国委员会第二次会议第 3429 号（教育类 393 号）提案答复的函［EB/OL］.（2019-10-14）［2023-06-01］. http://www.moe.gov.cn/jyb_xxgk/xxgk_jyta/jyta_gjs/201912/t20191206_411148.html.

包括英语、阿拉伯语、社会学、道德学以及部分国际课程。

（2）里约中国国际学校

2019年，教育部决定在巴西里约试点建设里约中国国际学校，主要目的是实现中国公民义务教育在海外的延伸。这是第一所基础教育阶段采用中国教学大纲的全日制学校，也是南美第一所在基础教育阶段采用沉浸式中文教育和中国教学课程大纲的国际学校。学校与里约当地的赛尔国际学校采用联合办学的形式，开设从幼儿园至高中的葡汉双语课程。

（3）马来西亚中国国际学校

马来西亚中国国际学校获得马来西亚教育部批准，于2020年初正式开学。学校以发展学生核心素养为办学理念，培养学生树立正确的价值观，培养学生具备适应终身发展和社会发展需要的必备品格和关键能力，满足学生升学规划的多向选择，培养海外优秀中文人才，搭建中外学生留学的桥梁跳板。该学校面向中资企业和外交人员子女、中国留学生、马来西亚本地学生、东盟国家学生进行招生，开设初、高中学段，学制6年，计划招收中国籍及外籍学生共计1,500名。

（4）柬埔寨中国国际学校

柬埔寨中国国际学校是经柬埔寨教育部批准的第一所以中文基础教育课程为核心的K12学历制教育国际学校。该校已于2022年正式开学，招收初中和高中阶段学生，涵盖在柬的中资企业子女和华人华侨子女，以及部分柬埔寨籍的学生。

2．中国高等教育赴海外办学稳步推进

“十三五”期间，全国共有21个省市的84所高校开展境外办学，共有境外办学机构和项目128个，以亚洲为主，覆盖美洲、欧洲、非洲等区域。入选我国首批42所一流大学建设高校中，有10所高校开展境外办学，占境外办学高校总数的11.9%；所设办学机构和项目共计12个，占境外办学机构和项目总数的9.3%。在入选我国首批一流学科建设的137所高校中，有17所高校开展境外办学，占境外办学高校总数的20.2%；所设机构和项

目共计 22 个，占境外办学机构和项目总数的 17.1%。其余 94 个机构和项目由 57 所非“双一流”建设高校开展。

我国高校境外办学模式主要有设立境外分校、合作设立机构（学院）、开展项目合作、设立培训中心四种方式，主要以项目合作为主，开展项目合作约占我国高校境外办学机构和项目总数的 62%。我国高校在境外合作设立的机构（学院）约占高校境外办学机构和项目的 32.5%，主要集中在亚洲，这种类型的境外办学多体现为中外两所高校之间的校际合作，如北京语言大学与泰国易三仓大学联合创办的曼谷学院，云南财经大学与泰国兰实大学共同创办的曼谷商学院等，涵盖专科、本科和研究生教育层次，且以本科教育为主。我国高校在境外合作设立的分校数量较少，仅占 5.47%，共有 8 个（见表 2.1）。还有少量采用“语言 + 专业”培训模式的培训中心，在向学生教授汉语的同时，对学员进行专业技能培训[107]。

表 2.1　国内大学海外设立分校、校区情况

校区名称	国内高校	所在地区	创办时间
老挝苏州大学	苏州大学	老挝万象	2011 年 7 月
厦门大学马来西亚分校	厦门大学	马来西亚雪兰莪州	2012 年 4 月
浙江大学—帝国理工学院联合学院	浙江大学	英国伦敦	2013 年 5 月
同济大学佛罗伦萨校区	同济大学	意大利佛罗伦萨	2014 年 3 月
清华大学全球创新学院	清华大学	美国西雅图	2015 年 6 月
温州大学意大利分校	温州大学	意大利普拉托、阿雷佐	2016 年 11 月
北京大学汇丰商学院英国校区	北京大学	英国牛津郡	2018 年 3 月
复旦大学匈牙利校区	复旦大学	匈牙利布达佩斯	预计 2024 年开学

数据来源：顶思教育整理

长期以来，高校境外办学集中在汉语教学及中医教学，随着“一带一

［107］李淑艳．我国高校境外办学：特点、问题与推进策略［J］．高校教育管理，2019，13（01）：98-103．

路”倡议的深入推进，其他学科专业也越来越受到目的国（地区）的欢迎，境外办学质量显著提升。

3．我国教育集团全球布局进程加快

国际教育集团的全球化战略布局是很多发达国家教育集团重要的发展策略。二战后，发达国家的教育集团初具规模，一些具有悠久办学历史、资金实力雄厚的学校或教育机构开始集团化、连锁式地迅速发展。20世纪90年代出现了像诺德安达（Nord Anglia）、世界联合学院（United World College）、全球印度国际学校（Global Indian International School）等多家教育集团。它们依托成熟优质的教育资源，在全球多个国家和地区设立学校，开创了教育集团跨国发展的新阶段。

国内具有一定规模的教育集团积极推进全球化战略布局，通过海外建校或直接投资海外教育实体等方式，开辟海外市场，初步形成了自己的全球学校布局版图，逐步深入参与全球国际教育发展。截至2022年，枫叶教育集团已在国内外30余个城市开办了120所国际学校。博实乐教育集团已在英国开设6所K12学校、1所艺术学院、4所语言学校及暑期学校，在美国开设1所K12学校，在加拿大开设2所语言学校及暑期学校。

受法律和资金回报率的影响，在海外建立一所新学校的难度和风险较大。近年来，我国越来越多的教育集团或投资机构开始通过并购、战略投资、协议合作等方式拓展海外市场。根据公开信息统计，截至2022年3月，共有43起我国教育集团收购海外教育集团、学校或独立开设学校的事件。对并购或合作学校的所在国进行统计（见图2.4），其中53%集中在英国，18%在美国，11%在加拿大，6%在马来西亚，澳大利亚、新加坡、泰国各占4%。

经进一步分析，顶思教育发现我国教育集团向海外拓展的形式愈加丰富。除了在海外独自建立学校、对私立K12学校或高等学校进行并购、与海外知名品牌学校协议合作建校以外，近些年还出现了一些新的特点。例如，收购托育及幼儿园机构；并购海外享负盛名的教育集团；通过并购打通K12与高等教育，整合优化教育集团内部学段资源，实现贯通培养；通

过并购或合作在国内设立海外名校校区；积极布局“一带一路”国家的东南亚市场等。

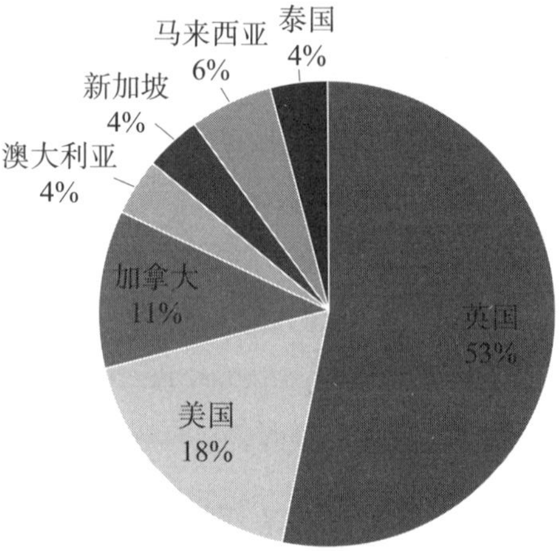

图 2.4 2006-2022 年中国教育集团及投资机构海外并购及合作学校国家占比情况
数据来源：顶思教育整理

（1）**直接在境外开设学校**

2006 年，汇佳教育在新加坡成立了中国教育机构在国外开办的第一家中国国际学校汉合国际学校。该校不仅采用国际文凭课程（IB），而且重视中国语言及文化课程，采用中、英文双语授课，积极开设以中国文化为重点的课外活动。

（2）**收购海外私立学校校区**

除直接开设学校以外，近年也出现了通过对收购海外私立学校的校区进行改造升级，进一步设立国际学校的方式。2015 年，房天下旗下的非营利性机构“自然保护研究中心”收购了纽约军事学院（New York Military Academy），并将其改造为一所私立高中。2019 年，枫叶教育集团收购了加拿大奥古斯塔学院（Augusta Academy）的校园，计划将其建设为一所寄宿制国际学校。

（3）**收购品牌幼儿及托育机构**

2016 年，我国教育集团把目光投向海外托育和幼教市场。2016-2019 年，我国教育集团已经收购了英国和美国的 3 所著名早教机构。2016 年，亿翔控股以1.275亿美元收购美国儿童产业集团金宝贝（Gymboree）公司旗下的全球早期儿童成长教育业务。通过此次并购，亿翔控股持有金宝贝全球早教业务的全部股份，包括其直营中心和在北美的早教中心，并且一次性收购了金宝贝早教课程及相关商标的知识产权。2018年，佳一教育集团全资收购英国婴孩（Bambinos）幼教集团，该集团1994年成立于英国普利茅斯，旗下拥有4所幼儿园。2019年，众安集团斥资884.01万英镑，收购来自英国的早教机构麦琪萝丝（Maggie and Rose Limited）。目前，其品牌下的幼教机构已在新加坡和我国香港、杭州都开有分校。

（4）收购优质教育集团

国外一些具有先发优势的国际教育集团得到了我国教育集团及投资方的关注。这些教育集团旗下一般拥有多所私立学校或语言学校，在某一教学、考试体系或教育理念下深耕多年，自身拥有丰富的教育资源和先进的理念。通过收购此类海外教育集团，我国教育集团可以实现和国际教育优质资源进行整合的目标，还可以巩固自身全球战略布局的优势地位。

2019年，博实乐教育集团收购英国剑桥文理学校集团（CATS Colleges Holdings Limited）。剑桥文理学校集团成立于1952年，目前是全球具有丰富独立办学经验的教育服务提供者，同时也是国际教育的倡导者和实践者，在英、美、加三国设立10所国际语言学校，拥有超过2,000名来自约80个国家的学生。2021年2月，剑桥文理学校集团中国学术与发展研究院（CATS China Academic Development and Research Division）正式成立，进一步致力于为中国学生提供优质的国际教育资源。

2020年，枫叶教育集团收购马来西亚民办皇岦国际教育集团，皇岦国际教育集团下有一所K12的国际学校和三所高校。

（5）收购或投资海外私立学校

随着中国家长对国际化教育的逐步认可，家长对国际化特色学校的质量要求也越来越高。部分家长开始在基础教育阶段为孩子选择欧美国家的私立学校。根据2019年英国私立学校委员会的统计数据，中国是英国私立学校国际学生的最大来源地之一，相较2018年人数增长了10%，总人数超过了9,000人。一些国内的教育集团及投资者看到了国内留学低龄化的趋势，收购了大量英、美私立学校（见表 2.2）。

表 2.2　2014–2020 年中国教育集团收购海外私立学校概况

时间	国内集团	学校名称	国家	关系
2014	Achieve Education	切斯文法学校（Chase Grammar School）	英国	收购
2015	嘉汇教育	新英格兰切斯特学院（Chester College of New England）	美国	收购
2015	孔裔国际教育集团	德沃斯霍尔学校（Riddlesworth Hall School）	英国	收购
2016	51Talk	美国犹他州国际学校（American International School of Utah）	美国	战略投资
2017	中金投集团	赛特福特文法学校（Thetford Grammar School）	英国	收购
2017	Achieve Education	阿伯茨霍尔姆学校（Abbotsholme School）	英国	收购
2018	博实乐教育集团	伯恩茅斯中学（Bournemouth Collegiate School）	英国	收购
2019	中科致知国际教育集团	斯普林菲尔德康门威尔思学校（Springfield Commonwealth Academy）	美国	收购
2019	中国首控集团	金斯利学校（Kingsley School）	英国	收购
2019	博实乐教育集团	博斯沃思学院（Bosworth Independent College）	英国	收购
2020	博实乐教育集团	圣迈克尔学院（St. Michael's School）	英国	收购
2020	中国首控集团	希思菲尔德诺尔学校（Heathfield Knoll School）	英国	收购
2020	陕西君子国际教育投资集团	阿伯茨布罗姆利学校（Abbots Bromley School）	英国	收购

信息来源：顶思教育整理

（6）通过并购或合作联结 K12 和高等教育

国内一些 K12 教育集团在发展过程中并不愿止步于幼儿及基础教育阶段。这些教育集团利用资金的优势并购一些发展成熟的海外大学，将自身发展的学段体系延展至高等教育，形成更加完整的教育服务生态。除此之外，通过与海外高校合作建立大学的附属校区，也是在国际教育视角下对高中与大学衔接方式的积极探索。

2019 年，宇华教育并购泰国斯坦福国际大学，后者是一所教学质量优异、国际化程度很高的精品学校，留学生人数占比 40% 以上，来自欧美的外教占比 70% 以上，国际课程占比 75%，泰国综合教学质量评估排名第四。宇华教育由于并购这所泰国著名高校，成为国内唯一一个横跨幼儿园、中小学、民办大学、海外大学的上市民办教育集团。宇华教育将这所东南亚知名高校的国际教育资源引入中国市场，推出了硕士和博士的授课项目，以及专升本硕连读等项目。

（7）积极拓展东南亚国际教育市场

东南亚地区的新加坡、马来西亚、泰国的高等院校凭借其相近的文化环境、双语环境和国际化教育水平，开始受到中国学生的关注。以新加坡为例，新加坡有众多的使领馆、银行、跨国企业的亚太总部或办事处，以上机构的境外派驻人员也较多。由于新加坡的公立学校系统不接受外籍人员子女，因此国际学校市场需求很大。根据英国私立学校委员会的数据，新加坡人口仅占东南亚总人口的 0.9%，拥有的国际学校总数却占整个东南亚市场的 9.5%。该国有约半数常住人口来自海外。依据新加坡法律，开设国际学校既需要经过国际学校认证机构的评估认证，还需要新加坡政府授予的教育信托认证。新加坡的教育经过长期发展，总体质量在亚洲地区也较为突出。

2020 年，枫叶教育集团在新加坡收购加拿大国际学校。该学校以加拿大国际学校品牌运营，两个校区都设立在新加坡外籍家庭聚集的地段，主要面向在新加坡的外籍子女，为学前班至 12 年级的学生提供 IB 课程。学校现有来自 70 多个国家超过 3,000 名学生，是新加坡最大的营利性高端国际学校之一，在当地市场占有约 20% 的份额。枫叶教育集团在 2022 年的财报中也透露，未来将主要把东亚及东南亚地区的学生作为主要招生目标。

马来西亚是华侨的聚居地，英语普及率和使用率居亚洲第二，仅次于新加坡，与其他国家相比，其入境、投资、置业等手续简便。马来西亚政府注重教育，建立了丰富多样的中小学教育、国际学校、英联邦体制下的大学体制。各学段的教育学历均被英、美、澳等国家承认，且学费低廉，仅相当于英国的四分之一左右。

2017 年，博实乐教育集团与美国拥有 160 年历史的名校嘉德圣玛丽学校合作，在马来西亚开办了嘉德圣玛丽森林城市国际学校。这也是嘉德圣玛丽在东南亚的第一所海外分校，丰富了马来西亚华侨和华人对高端国际学校资源的选择。

2020 年，希望教育集团积极投资，在东南亚地区高等教育取得领先地位，先后收购了两所东南亚国家的大学，分别是泰国西那瓦大学和马来西亚的英迪国际大学。其中英迪国际大学是马来西亚规模最大的综合性私立大学。此外，旗下还拥有 5 所国际大学学院。

除此之外，前文提到的枫叶集团收购马来西亚民办皇岂国际教育集团和宇华教育并购泰国斯坦福国际大学，同样体现了中国教育集团布局东南亚的重要战略。

（8）并购或与海外私校合作，在中国建立分校

近年来，海外收购私立学校并在国内建立其分校或校区的方式，对我国国际化特色学校的发展起到促进作用。

2018 年，雅力教育集团宣布收购英国阿德科特学校及米德尔敦公学，并签订战略投资并购协议。早在 2017 年，雅力教育集团就与英国剑桥大学考试委员会战略结盟，引入英国阿德科特学校，在上海成立雅力教育集团上海阿德科特学校，并完成招生运营及开学。2020 年，雅力教育集团又在苏州建立一所阿德科特学校。

2017 年，合一教育集团收购了英国圣比斯公学，并在 2018–2019 年间，在国内先后成立了圣比斯公学石家庄和东莞两个中国校区。

2019 年，博实乐教育集团收购剑桥文理学校，并在国内建立剑桥文理学校中国中心。2019 年，博实乐教育集团与英国著名的斐特思公学合作，建立广州斐特思公学，作为英国斐特思公学唯一的海外校区。

（9）收购海外高校

我国教育集团在收购海外高等教育方面尚处在起步阶段，除了前文提到的几所东南亚地区的高等学校外，仅在美国和澳大利亚收购了3所普通大学。在美国，2017年，北京安博教育集团收购了波士顿海湾州立大学，新华教育投资公司收购了圣保罗大学；在澳大利亚，2019年，中国教育集团控股有限公司收购了澳大利亚国王学院。

（10）收购语言学校

近年来，我国教育集团及投资机构也收购了一些语言学校，除了前文提到的一些海外教育集团旗下的语言学校以外，单独收购的语言学校还包括：2018年，合一教育集团收购了英国历史最悠久的英语语言学校之一的剑桥英文书院，该学校成立于1954年，为成人和青少年提供英语课程；2020年，中汇集团收购了一所获得新加坡教育部门的教育信托认证的语言学校，该学校为新加坡当地学生以及国际学生提供长短期语言培训课程及各类新加坡学校入学预备课程。

六、国际中文教育蓬勃发展，孔子学院和孔子学堂基本覆盖全球

国际中文教育近年来蓬勃发展。根据国家汉语国际推广领导小组办公室统计，截至2022年6月，全球共有180多个国家和地区开展中文教育，76个国家将中文纳入国民教育体系，近8万所各国大中小学、华文学校和培训机构开设了中文课程，海外正在学习中文的人数约2,500万，累计学习和使用中文的人数近2亿[108]。

“十三五”期间，全球参加中文水平考试（HSK）、中小学中文考试（YCT）等考试的人数达到4,000万人次。2021年，汉语水平考试正式面向海外开设了居家网考模式。截至2021年3月，居家网考规模不断扩大，已服务5万余名考生，全球已有56个国家137个考点承办该考试。

[108] 教育部. 教育部新闻发布会介绍“十三五”期间教育对外开放工作情况[EB/OL].（2020-12-22）[2022-3-15]. https://www.gov.cn/xinwen/2020-12/22/content_5572191.htm.

国际中文教育线上教学资源不断丰富。2020年，教育部中外语言交流合作中心发布了“中文联盟”云服务、“汉语桥”俱乐部APP、“网络中文课堂”项目、“中文学习测试中心”项目等四个中文学习平台。“中文联盟”云服务教学平台面向全球免费提供190多门6,000多节中文、中华文化等在线课程，惠及200余万海外中文学习者。截至2020年底，平台累计用户超过210万，覆盖近170个国家和地区。

中文的国际地位不断攀升。截至2021年底，联合国教科文组织、联合国粮食及农业组织、世界旅游组织等10个联合国下属专门机构将中文作为官方语言[109]。

七、积极参与全球治理，为世界教育发展提供中国力量

参与全球教育治理是我国教育对外开放的新举措。“十三五”期间，我国积极参与联合国教科文组织、二十国集团、金砖国家、亚太经合组织、上海合作组织等多边机制框架下的教育合作；落实习近平总书记关于成立“金砖国家职业教育联盟”和举办金砖国家职业教育技能大赛的倡议，主办金砖国家教育部长会议；成功举办世界职业教育发展大会，积极筹办世界数字教育大会，搭建全球性高端教育合作平台，为全球教育治理贡献智慧和力量[110]。

我国与联合国教科文组织合作，先后举办了第二届国际教育信息化大会（2016）、国际职业技术教育大会（2017）、世界语言资源保护大会（2018）、国际人工智能与教育大会（2019）、国际人工智能与教育会议（2020），围绕教育信息化、人工智能、职业教育等与迎接第四次工业革命密切相关的国际教育领域热点和前沿议题，积极同国际社会分享中国经验、中国方案。这些会议形成的《人工智能与教育北京共识》《唐山声明》《保

[109] 强语助力强国 教育部召开“教育这十年”“1+1”系列发布会第六场[J]. 语言战略研究，2022，7(05)：2.

[110] 莫玉婉. 我国参与全球教育治理的十年回顾与展望[J]. 河北师范大学学报（教育科学版），2021，23(04)：57-64.

护和促进世界语言多样性岳麓宣言》等一批重要成果文件，成为联合国教科文组织的重要文献[111]。

围绕教育减贫、抗击疫情等全球性议题，我国持续加强与有关国际组织合作，共同实施了农村义务教育全面普及和质量提升、新冠疫情“安全返校行动”等项目。特别是在新冠疫情发生后，我国通过联合国教科文组织平台积极与国际社会分享中国教育领域有效进行疫情防控、开展大规模线上教学、实现“停课不停学”的经验，积极向国际社会推介我国优质在线教育资源和平台，并向非洲国家提供一批免费优质线上资源，树立了中国教育良好的国际形象。

[111] 袁利平，王垚赟. 新时代中国参与全球教育治理：成就、挑战与应对[J]. 学术界，2021(09)：66-77.

第三章　国际化特色学校有序发展

作为中国国际教育的重要组成部分，国际化特色学校既见证也参与了中国教育的国际化进程。国际化特色学校的有序发展，关乎中国国际教育的发展全局。本章对国际化特色学校的主要数据和区域发展等方面进行分析，探讨中国国际教育的当下和未来。

一、国际化特色学校主要数据分析

“十四五”阶段是我国教育进入高质量发展的时期，教育行业改革发展的外部环境和宏观政策背景已发生深刻变化。2022 年，我国出台了一系列教育政策，凸显出教育行业正在向着更加公平和有序的方向发展。这些政策为国际教育走向规范化和精细化的发展道路提供了更为完善的指导和依据。

国际化特色学校连接着家庭的国际化教育需求，实现了快速、多样化的发展。而国际教育作为承接细分教育需求的重要载体，具有很强的不可替代性。本报告中提及的国际化特色学校，泛指国内（含港澳台）有合法办学资质，全部或部分开设国际课程，以培养具有全球视野的人才为主要目标的实体办学机构。学校可部分包括小学、初中或高中学段，亦可包括全学段。国际化特色学校共分四类：外籍人员子女学校、公立国际课程项目、国际化特色民办学校和其他类型（多指非学历的国际课程中心和国际预科学校等）。

1．2022 年共新增 36 所国际化特色学校

据顶思教育研究数据统计，近年来，受政策环境等因素影响，国际化

特色学校增长速度明显放缓（见图 3.1）。截至 2022 年 12 月，我国国际化特色学校的总量（不含港澳台）达到 1,378 所，2022 年国际化特色学校新增 36 所，增长率下降至 2.6%。2013–2022 年，中国国际化特色学校的年复合增长率约为 5.0%。

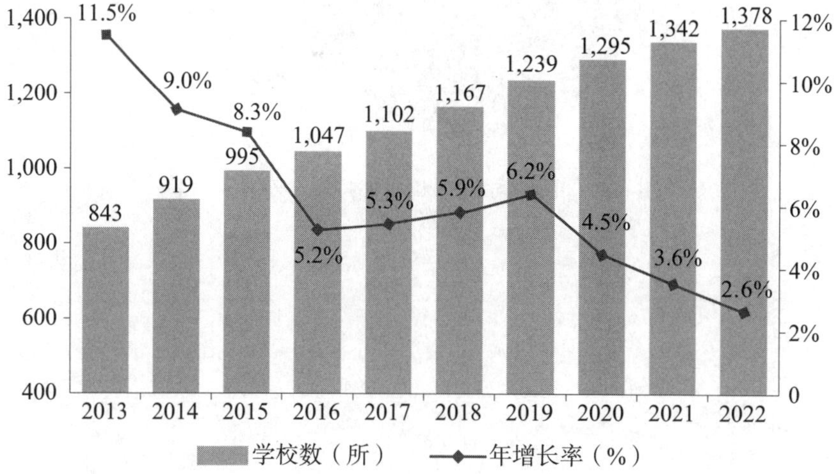

图 3.1　2013–2022 年国际化特色学校增长情况

数据来源：顶思教育

2. 华东和华南地区贡献了 60% 以上的新增校

据顶思教育研究数据统计，2022 年，我国新增国际化特色学校 36 所。增量主要来自华南和华东地区，两地分别新增 12 所和 11 所学校，占比约为 33% 和 31%（见图 3.2）。此外，华北和华中地区分别新增 7 所和 3 所学校，西南和东北各新增 2 所和 1 所学校。西北地区在过去一年中没有新增校。

从各省市的增量分布来看，广东省以 12 所新增校的增量遥遥领先，其次是北京市（6 所），江苏省（5 所）和湖北省（3 所）分列第三、四位（见图 3.3）。而新增校的省市分布已从 2020 年的 19 个省市、2021 年的 13 个省市，下降到 2022 年的 11 个省市。

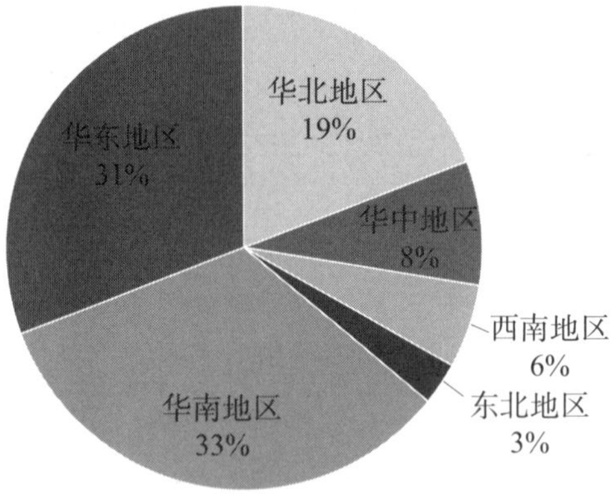

图 3.2　2022 年各区域国际化特色学校增量分布

数据来源：顶思教育

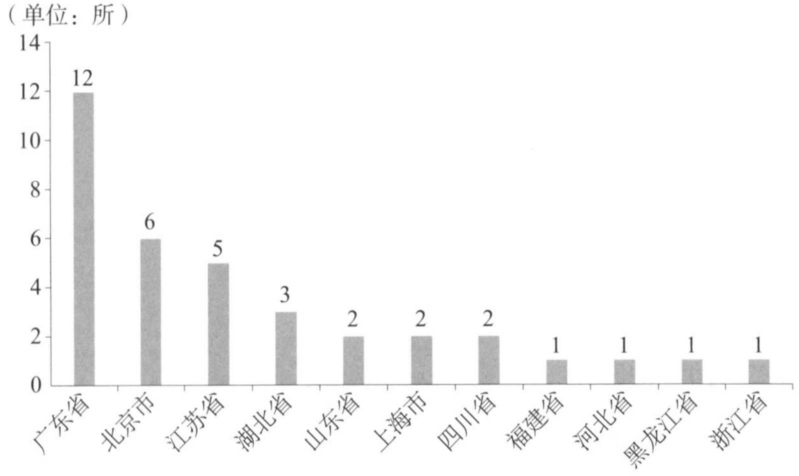

图 3.3　2022 年各省市国际化特色学校增量统计

数据来源：顶思教育

3．民办校增量最大，外籍人员子女学校迎来迅速发展

2022 年，新增校中占比最高的依然为国际化特色民办学校，为 61%；其次为外籍人员子女学校，占比为 25%；公立国际课程项目和其他类占比分别为 11% 和 3%（见图 3.4）。值得注意的是，这也是外籍人员子女学校在 2017

到 2022 五年间的增量峰值。此外，在存量外籍人员子女学校中，郑州郑东新区西亚斯外籍人员子女学校、杭州国际学校等外籍人员子女学校在 2022 年 9 月启用了新校区。

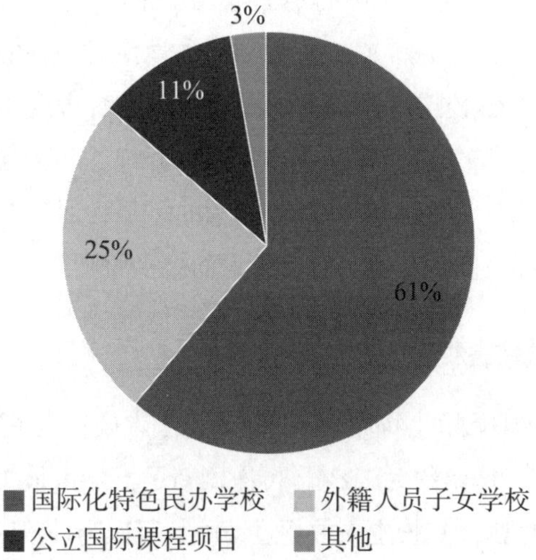

图 3.4　2022 年各类型国际化特色学校新增校占比

数据来源：顶思教育

4．融合国家课程成主流，英国普通中等教育高级证书考试课程（A Level）为开设比例最高的国际课程

从新增校的课程体系来看，国家课程是开设比例最高的。以国家课程为核心，立足中国文化，兼收地方传统文化，同时融入国际化教学方法，是新增校致力打造并积极宣传的课程特色。

在国际课程方面，A Level 开设比例最高。尽管不少新增校的高中学段在 2022 年度并未开始招生，但从各校的招生宣传上来看，根据顶思教育的不完全统计，A Level 的开设比例达 64%，其次为美国大学预科课程（AP），开设比例为 44%，国际文凭组织大学预科项目课程（IBDP）开设比例为 24%，另有 3 所新增校规划开设中国香港中学文凭考试课程（PSE），2 所新增校开设中加课程，包含安大略高中文凭课程（OSSD）。

5. 半数以上新增校为K12一贯制学校，占比进一步提高

2022年的新增校中，K12一贯制学校的占比为53%，较2020年和2021年，这一比例呈现明显上升趋势。另一方面，覆盖小初高学段的12年一贯制学校占比接近70%，高中学段的覆盖率最高，占比达到86%。

从学段设置来看，虽然K12一贯制的办学模式需要办学主体申请不同证照，但却保证了学校连续而均衡地施行基础教育中的小学与中学阶段教育，把教育资源组合成一个规模适当、结构合理、联系密切的集聚体，更好地实施素质教育，有助于弥补分散办学的不足，促进教育教学改革的施行，解决生源和择校问题，也更符合教育的公平原则。

6. 国际化特色学校在校生人数达64.9万

2022年，中国国际化特色学校在校生总体规模为64.9万人，相较于2020年的64.1万，增幅约为1.2%，再次刷新了五年内最小增幅。国际化特色民办学校在校生占总在校生人数超过70%；其次为外籍人员子女学校，占比为13%；公立国际课程项目和其他类学校占比均为7%（见图3.5）。

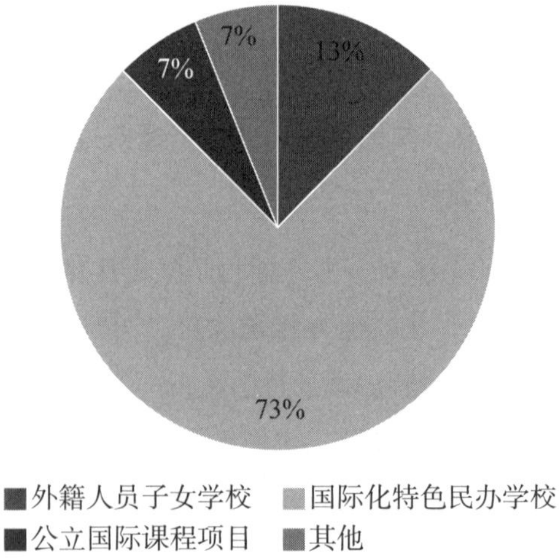

图3.5　2022年各类国际化特色学校在校生比例

数据来源：顶思教育

7. 超过 80% 的民办学校开设高中课程

从不同类型的国际化特色学校学段分布来看，公立国际课程项目主要开设在高中学段。截至 2022 年 12 月，416 个公立国际项目开设了高中段课程，也有少数开设了初中课程。国际化特色民办学校中，约三分之二开设了小学、初中学段课程，80% 以上开设了高中课程。外籍人员子女学校普遍采用 K12 一贯制，学段分布均匀全面，近 70% 开设了幼儿园，80% 以上开设了小学、初中和高中。其他类学校（如国际预科学校、国际课程中心等）集中开设在高中段，也有部分接收八、九年级学生（见图 3.6）。

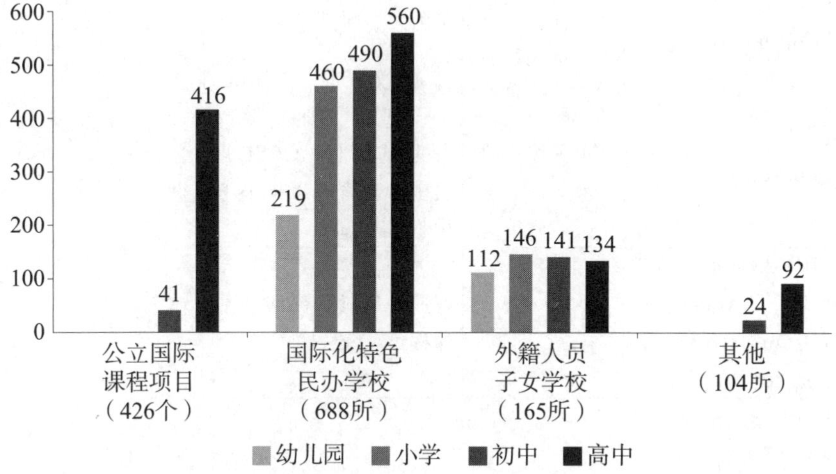

图 3.6　2022 年各类型国际化特色学校学段分布

数据来源：顶思教育

8. 课程体系的多样性成为新趋势

从国际课程的发展来看，目前全球国际化特色学校的主流课程以 A Level、AP、IB 为主（见表 3.1）。这些课程的开发和维护分属不同的国家和地区，由不同考试委员会负责研发、运营、组织考评和成绩认证。因此，开设这些国际课程的学校需要获得相应机构对学校教学能力、师资队伍、课程开发方面能力的认证，以确保学校按照官方标准实施对学生的培养及相关考试的准备。

表 3.1 主流国际课程体系简介

教育组织名称	成立时间	课程	获得授权、认证学校的名称
国际文凭组织（International Baccalaureate Organization）	1968 年	小学项目课程（PYP）、中学项目课程（MYP）、大学预科项目课程（DP）	IB 世界学校
剑桥大学国际考评部（Cambridge Assessment International Education）	2005 年开始使用 Cambridge Assessment 品牌名称。	剑桥国际小学课程、剑桥国际初中课程、国际中学教育普通证书课程（IGCSE）、AS 和 A Level 课程	剑桥国际学校
美国大学理事会（College Board）	1900 年	美国大学预科课程（AP）	AP 学校
爱德思考试局（Edexcel）	1996 年	普通教育证书考试课程（GCE）、普通中等教育证书考试课程（GCSE）、普通中等教育高级证书考试课程（A Level）	全球学术考试中心
英国资格评估与认证联合会（Assessment and Qualifications Alliance）	2002 年	普通中等教育高级证书考试课程（A Level）	学习中心
美国大学测试教育解决方案公司（American College Testing Education Solutions Limited）	2005 年	全球评估证书课程（GAC）	ACT-GAC 官方教学及考试中心

在国际课程体系方面，顶思教育对高中阶段的主流国际课程进行了统计（见图 3.7）。

主流国际课程稳步发展，总体格局趋于多元。从增量上来看，各类课程均有小幅增长，各国际化特色学校开设课程较为丰富，各类课程也趋于多元融合。

英式课程合计占比最高，且有小幅增长。从全国数据来看，剑桥

IGCSE 和 A Level 以及 AP 课程占比最高，爱德思 GCSE 和 A Level 次之。

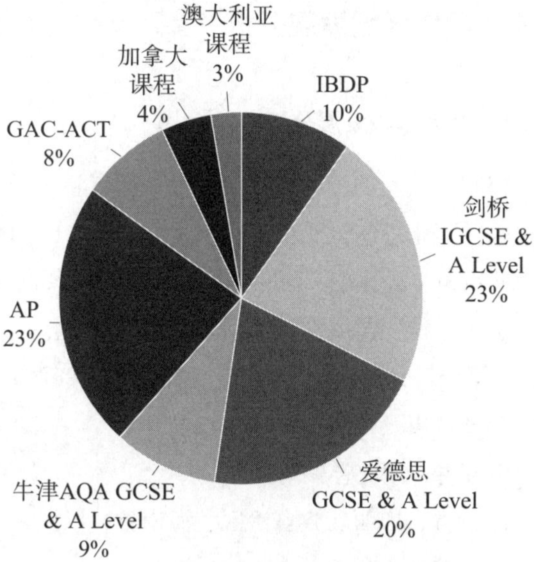

图 3.7　2022 年各类型国际课程开设比例

数据来源：顶思教育

2022 年 9 月 –12 月，顶思教育对不同城市和不同类型的国际化特色学校三大主流国际课程的开设情况做了统计（见表 3.2）。三大课程中，IBDP 课程开设的平均科目数最多，为 22 门，其次为 AP 和 A Level。

表 3.2　样本学校国际课程开设数量（单位：门）

	AP	A Level	IBDP
最高值	35	25	53
平均值	15	11	22
最低值	6	4	6

注：AP 课程包含 7 大类 38 门课程，A Level 课程包含 70 多门课程，IBDP 课程包含 6 个学科 57 门课程。

二、国际化特色学校区域发展分析

1．七大分区国际化特色学校发展分析

本节参考曹小曙等编写的《中国地学通鉴：城市卷》，从七大行政地理分区的角度对中国国际化特色学校发展进行深入分析，七大区域分别为：

华北地区：北京市、天津市、河北省、山西省、内蒙古自治区

东北地区：黑龙江省、吉林省、辽宁省

华东地区：上海市、江苏省、浙江省、安徽省、江西省、山东省、福建省，以及台湾省

华中地区：河南省、湖北省、湖南省

华南地区：广东省、广西壮族自治区、海南省，以及香港特别行政区、澳门特别行政区

西南地区：重庆市、四川省、贵州省、云南省、西藏自治区

西北地区：陕西省、甘肃省、青海省、宁夏回族自治区、新疆维吾尔自治区、内蒙古自治区西部（阿拉善盟、巴彦淖尔市、乌海市、鄂尔多斯市）

为了便于计算，本节将内蒙古自治区计入华北地区。

在对七大区域的分析上，本章从宏观数据和国际化特色学校两大维度进行分析。在宏观数据方面，从区域土地面积、人口、GDP 等方面进行分析。

除了宏观数据，本节也对各区存量和增量国际化特色学校进行统计，并通过对各区 2013–2022 年国际化特色学校发展趋势进行研究，计算出年复合增长率，并从学校性质、品牌类型，以及教育集团发展情况等维度探究区域国际化特色学校的发展。

总体来看，华东地区不论是 GDP 和人口，还是国际化特色学校数量均居各区之首。华南地区国际化特色学校数量近十年增速最快，国际化特色学校总数量仅次于华东地区。

从国际化特色学校总量上来看（见图 3.8），各区域排名依次为：华东 > 华南 > 华北 > 西南 > 华中 > 东北 > 西北，而从十年间的年复合增长率来看，华南 > 华东 > 西南 > 东北 > 华北 > 西北 > 华中。

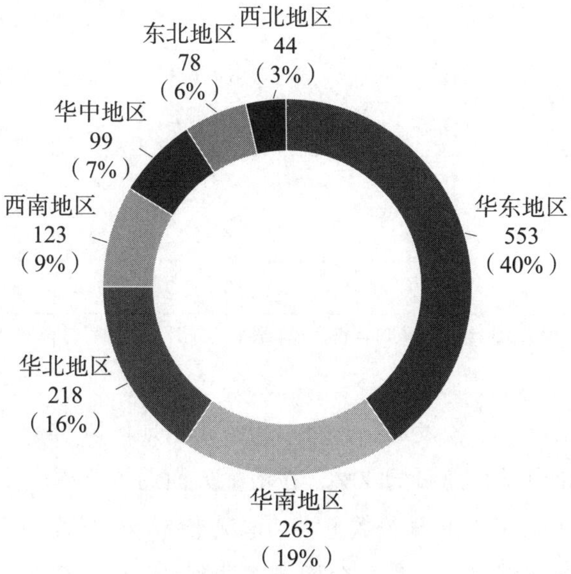

图 3.8　2022 年七大区域国际化特色学校数量及占比

数据来源：顶思教育

（1）华东地区

华东地区（不含台湾省）包括江苏、浙江、安徽、江西、山东、福建和上海六省一市，区内有一座一线城市（上海）和六座新一线城市（苏州、南京、杭州、宁波、合肥、青岛）。同时，“一带一路”与长江经济带的交会形成了长江三角洲城市群，城市群囊括了上海、江苏、浙江和安徽部分地区，也是中国第一大城市群。

华东地区总面积约 80.79 万平方千米，约占国土总面积的 8.4%。其中江西省面积最大，为约 16.69 万平方千米，上海市面积最小，约为 0.63 万平方千米。华东地区内人口约为 4.23 亿，约占全国人口的 30%。华东地区 2022 年 GDP 总量约 462,908.45 亿元，雄踞七区之首。地区内各省 GDP 及人口数据如下：

表 3.3　华东地区各省市面积、人口和 2022 年 GDP 数据

	面积（万平方千米）	人口（万人）	GDP（亿元）
上海市	0.63	2,487.1	44,652.8
江苏省	10.72	8,474.8	122,875.6
浙江省	10.55	6,456.8	77,715.4
安徽省	14.01	6,102.7	45,045
江西省	16.69	4,518.9	32,074.7
福建省	12.4	4,154	53,109.85
山东省	15.79	10,152.7	87,435.1

数据来源：第七次人口普查公报、各省市统计局，顶思教育整理

在国际化特色学校发展上，2022 年，华东地区以 553 所的数量约占全国国际化特色学校总量的 40%，在增量方面约占全国增量的 40%。从 2013-2022 年国际化特色学校数量增长情况来看，华东地区十年间发展迅速，实现了近双倍增长，年复合增长率达到 8.62%，居于七区前列（见图 3.9）。

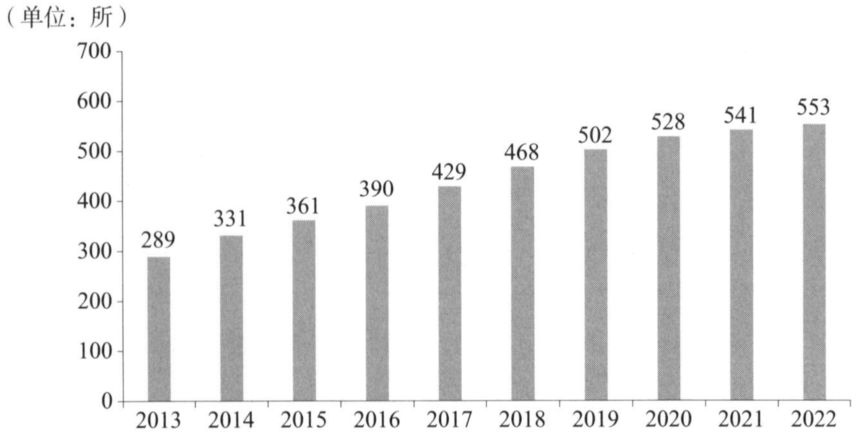

图 3.9　2013-2022 年华东地区国际化特色学校增长情况

数据来源：顶思教育

华东各省市中，江苏省以166所的总数居于榜首，其次是上海市（125所）、浙江省（103所）、山东省（84所）、福建省（32所）、江西省（22所），安徽省（21所）居于末位。

在新增校方面，江苏省再次领先其余省市，新增5所，其余依次为：上海市（2所）、山东省（2所），福建省和浙江省（各1所），新增校分布于区域内8座城市。

华东地区2022年共有13座城市国际化特色学校数量达到或超过两位数，分别是上海市（125所）、苏州市（60所）、南京市（39所）、青岛市（36所）、杭州市（34所）、无锡市（21所）、宁波市（20所）、厦门市（17所）、合肥市（15所）、南昌市（11所）、嘉兴市（11所）、金华市（10所）、济南市（10所），13城共计拥有409所国际学校，总计占比达74%。13座城市在近几年的发展中，苏州市仍以高增速领跑华东地区，厦门市、宁波市也迎来多校落地。

在华东地区运营国际学校的教育集团目前已达到80个，涉及区内213所国际化特色学校，其中狄邦教育集团（19所）、协和教育集团（12所）、安生教育集团（12所）、苏州光华教育集团（11所）、世外教育集团（10所）在华东地区分别拥有10所及以上学校。

华东地区的553所学校中，英式教育品牌学校37所，美式教育品牌学校19所，本土各类教育品牌学校近400所，本土品牌学校占比超过70%。从办学性质上来看，四类国际化特色学校中，国际化特色民办学校占比最高，达51%，其次为公立国际课程项目，占比为28%（见图3.10）。相较于2021年，国际化特色民办学校和其他类学校均有明显增量。

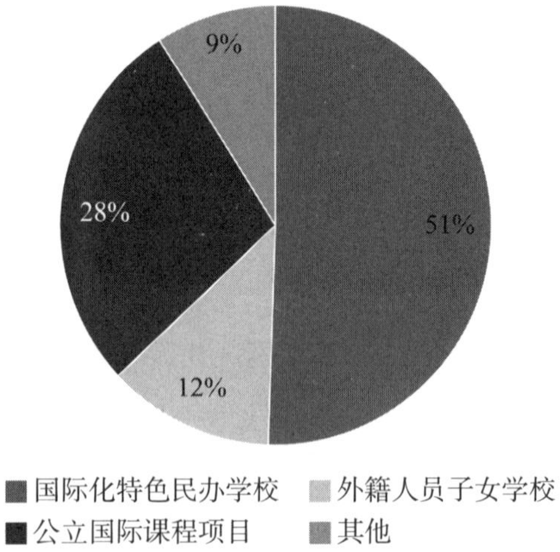

图 3.10　2022 年华东地区各类型国际化特色学校占比

数据来源：顶思教育

(2)华中地区

华中地区包括河南、湖北和湖南三省，拥有三座新一线城市：郑州、武汉、长沙，也是三个省份的省会城市，体现了明显的强省会特性。三省 GDP 总量约 163,750.34 亿元，在七大区域中居第二位。

华中地区总面积约为 56.47 万平方千米，约占国土总面积的 5.9%；其中湖南省面积最大，约为 21.18 万平方千米。华中三省共计人口约为 2.22 亿人，约占全国人口的 15.9%。河南省 GDP 和人口总量均为区域内第一(见表 3.4)。总体来说，华中地区三个省份经济总量相对均衡，国际化特色学校发展差距也相对较小。

表 3.4　华中地区各省面积、人口和 2022 年 GDP 数据

	面积(万平方千米)	人口(万人)	GDP(亿元)
河南省	16.7	9,936.6	61,345.05
湖北省	18.59	5,775.3	53,734.92
湖南省	21.18	6,644.5	48,670.37

数据来源：第七次人口普查公报、各省市统计局，顶思教育整理

华中地区 2022 年国际化特色学校的总量为 99 所，较 2021 年新增 3 所。区内的三个新一线城市中，也即三个省会城市，分布了全区近 70% 的国际化特色学校，武汉和郑州分别为 27 所和 24 所，长沙为 16 所。

从国际化特色学校十年增长情况来看，华中地区和华东地区仍呈现较大差距（见图 3.11），其 5.7% 的年复合增长率也低于西南和华北地区。

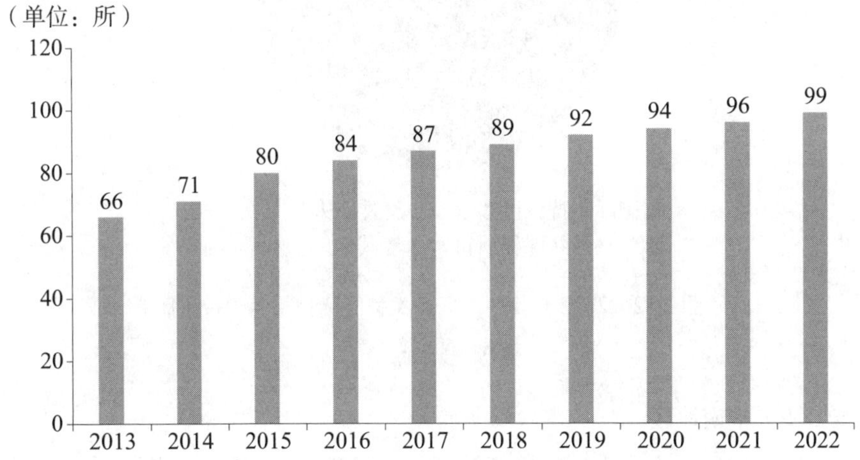

图 3.11 2013–2022 年华中地区国际化特色学校增长情况

数据来源：顶思教育

从教育集团布局来看，2022 年华中地区共有 12 个教育集团运营 20 所国际化特色学校，其中占比最高的为国际化特色民办学校，有 14 所，外籍人员子女学校 3 所，其他类学校 2 所，公立国际课程项目 1 个。12 个教育集团中，枫叶教育集团建校最多（5 所），其次为博实乐教育集团（3 所）、领科教育集团（2 所），其余如建业教育集团、雅力教育集团、康德教育集团等均为 1 所。

从办学性质来看，和华东地区不同的是，华中地区公立国际课程项目占比最高，接近 50%；其次为国际化特色民办学校，占比为 45%；外籍人员子女学校和其他类学校占比较小，二者合计不到 10%（见图 3.12）。

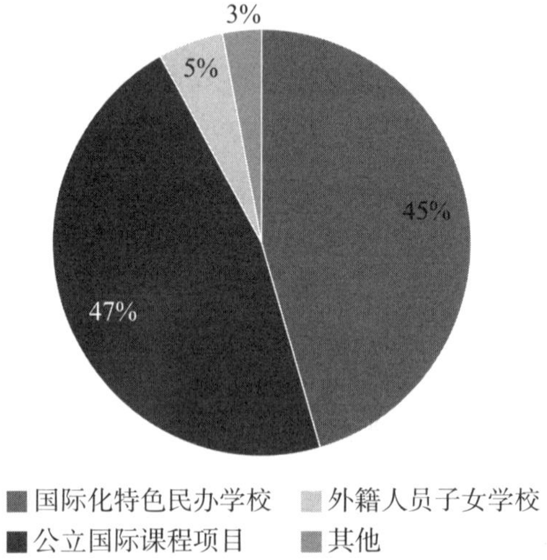

图 3.12　2022 年华中地区各类型国际化特色学校占比

数据来源：顶思教育

（3）华南地区

华南地区（不含香港特别行政区、澳门特别行政区）包括广东省、广西壮族自治区、海南省。区域内两座一线城市，广州和深圳，两座新一线城市，东莞和佛山，均位于广东省。

华南地区总面积约为 45.28 万平方千米，约占国土总面积的 4.7%，人口约 1.86 亿，约占全国人口的 13.2%。华南地区 GDP 总量约 162,237.67 亿元，在七大区域中位居第三（见表 3.5）。

表 3.5　华南地区各省、自治区面积、人口和 2022 年 GDP 数据

	面积（万平方千米）	人口（万人）	GDP（亿元）
广东省	17.98	12,601.3	129,118.58
广西壮族自治区	23.76	5,012.7	26,300.87
海南省	3.54	1,008.1	6,818.22

数据来源：第七次人口普查公报、各省市统计局，顶思教育整理

从国际化特色学校十年增长率来看，华南地区十年间维持了 9.4% 的增长率，位居七大区域之首，存量和增量均来源于广东省，尤以广州和深圳两市为主。

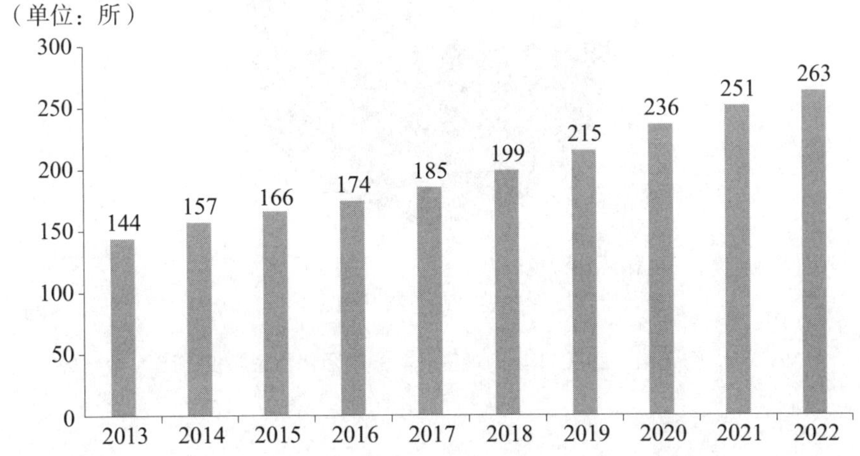

图 3.13　2013–2022 年华南地区国际化特色学校增长情况

数据来源：顶思教育

凭借广东一省的强大发展势能，华南地区 2022 年有 12 所新增国际化特色学校顺利开学，增量全部来自广东省：广州市 7 所、深圳市 3 所、东莞市 1 所、中山市 1 所。

44 个教育集团在华南地区运营 78 所国际化特色学校。发源于本地的国际教育品牌不仅在区内运营多所学校，也积极向外扩张。例如，博实乐教育集团实现全国布局和海外上市，成为具有全球影响力的国际 K12 教育集团。

从品牌类型上来看，华南地区英式教育品牌学校有 15 所，美式教育品牌学校为 11 所，本土品牌学校则达到 179 所，本土品牌学校占比超过 70%。从国际化特色学校性质来看，华南地区国际化特色民办学校占比最高，为 53%，其次为公立国际课程项目（22%）和外籍人员子女学校（16%）（见图 3.14）。

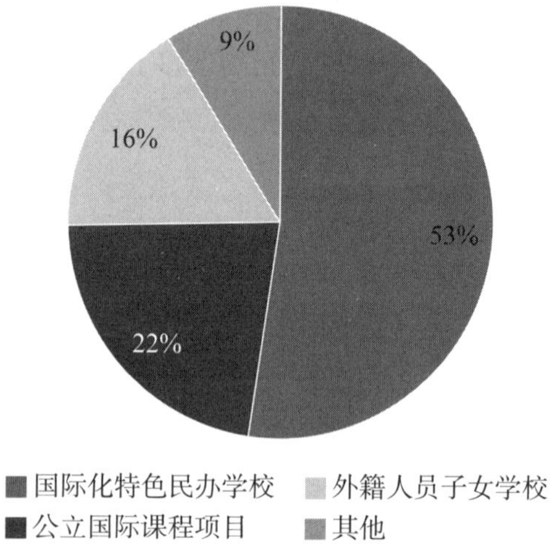

图 3.14　2022 年华南地区各类型国际化特色学校占比

数据来源：顶思教育

（4）华北地区

华北地区包括北京市、天津市、河北省、山西省和内蒙古自治区，区域内拥有一座一线城市（北京）和一座新一线城市（天津），2022 年经济总量约 149,094.23 亿元。华北地区总面积约为 155.69 万平方千米，约占国土总面积的 16.2%，人口约为 1.69 亿，约占全国人口的 12.1%（见表 3.6）。

表 3.6　华北地区各省、市、自治区面积、人口和 2022 年 GDP 数据

	面积（万平方千米）	人口（万人）	GDP（亿元）
北京市	1.64	2,189.3	41,610.9
天津市	1.2	1,386.6	16,311.34
河北省	18.88	7,461	42,370.4
山西省	15.67	3,491.6	25,642.59
内蒙古自治区	118.3	2,404.9	23,159

数据来源：第七次人口普查公报、各省市统计局，顶思教育整理

从国际化特色学校的增长情况上来看，华北地区2013–2022年的年复合增长率为6.5%，北京市是区内最重要的增长极，十年间新增超80所国际化特色学校。2022年，华北地区共有218所国际化特色学校，其中，北京市126所占比近60%，其次为河北省（46所）、天津市（29所）、山西省（10所）和内蒙古自治区（7所）。2022年，华北地区新增7所国际化特色学校，其中，北京市新增6所，河北省新增1所。

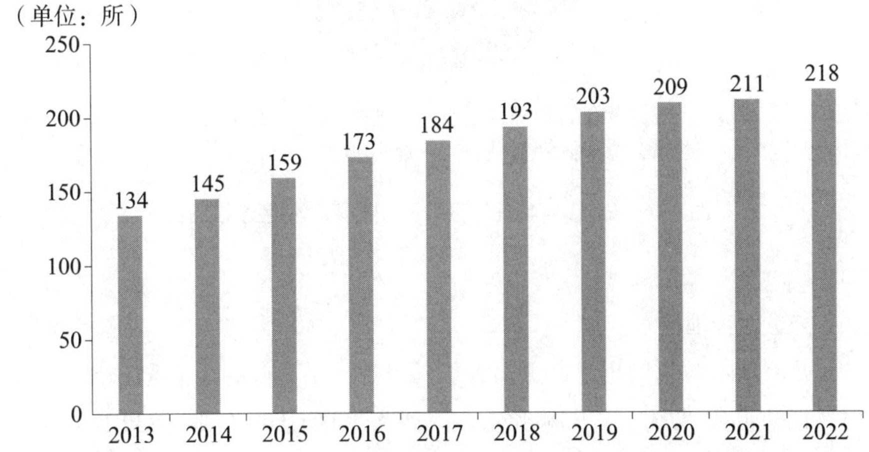

图3.15　2013–2022年华北地区国际化特色学校增长情况

数据来源：顶思教育

区内共有50个教育集团运营81所国际化特色学校，狄邦教育集团（6所）、枫叶教育集团（4所）、北京外国语大学国际教育集团（4所）、海淀外国语教育集团（3所）为区内运营学校较多的教育集团。从品牌类型来看，华北地区拥有10所英式教育品牌学校和7所美式教育品牌学校，本土品牌学校为173所，本土品牌学校占比达78%。从国际化特色学校性质上来看，华北地区国际化特色民办学校的占比为50%，其次为公立国际课程项目为28%（见图3.16）。2022年的新增校同时包含四种类型，其中国际化特色民办学校数量最多，为4所，其余均为1所。

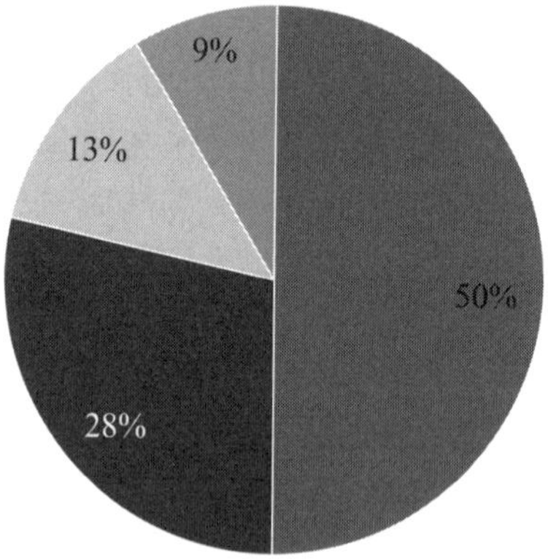

图 3.16　2022 年华北地区各类型国际化特色学校占比

数据来源：顶思教育

（5）西南地区

西南地区包括四川省、贵州省、云南省、西藏自治区、重庆市，区域内有两座新一线城市：成都和重庆。西南地区 GDP 总量约 137,130.25 亿元。四川省的 GDP 为区域内第一。西南地区总面积约为 234.09 万平方千米，约占国土总面积的 24.4%，人口约为 2.05 亿，约占全国人口的 14.6%；其中，面积最大的为西藏自治区，最小的为重庆市；人口最多的为四川省，最少的为西藏自治区（见表 3.7）。

表 3.7　西南地区各省、市、自治区面积、人口和 2022 年 GDP 数据

	面积（万平方千米）	人口（万人）	GDP（亿元）
重庆市	8.24	3,205.4	29,129.03
四川省	48.6	8,367.5	56,749.8
云南省	39.41	4,720.9	28,954.2
贵州省	17.62	3,856.2	20,164.58
西藏自治区	120.22	364.8	2,132.64

数据来源：第七次人口普查公报、各省市统计局，顶思教育整理

从国际化特色学校的增长情况来看，西南地区近十年的复合增长率为 8.3%，排在华南和华东之后。十年内新增的 60 所学校中，四川省新增 35 所，重庆市次之，新增 15 所。四川省新增校中有 27 所位于成都市，成都市也一直占据着西南地区国际化特色学校发展的头部位置，各类国际化特色学校在成都市均有分布。2022 年西南地区新增 2 所国际化特色学校（见图 3.17），均落地成都市。

西南地区吸引了 27 个国际教育集团运营 42 所国际化特色学校。其中，康德集团运营 4 所，为明教育集团运营 4 所，枫叶教育集团运营 3 所。

从品牌类型来看，美式教育品牌学校（6 所）多于英式教育品牌学校（4 所），本土品牌学校 102 所，本土品牌学校占比 83%。从国际化特色学校性质上来看，西南地区国际化特色民办学校占比最高，为 54%；其次为公立国际课程项目，为 38%（见图 3.18）。

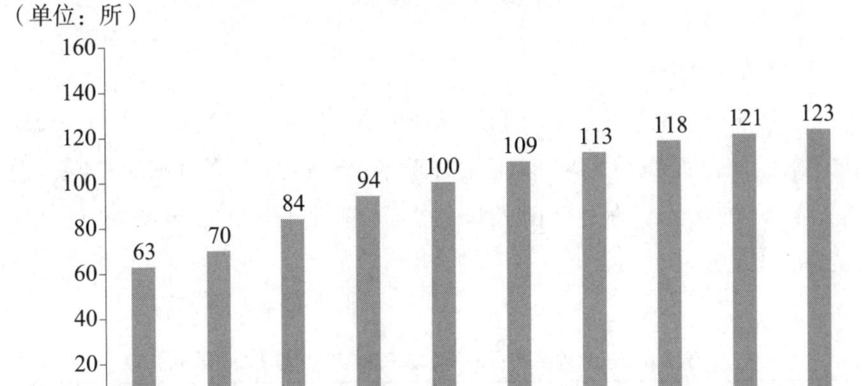

图 3.17　2013–2022 年西南地区国际化特色学校增长情况

数据来源：顶思教育

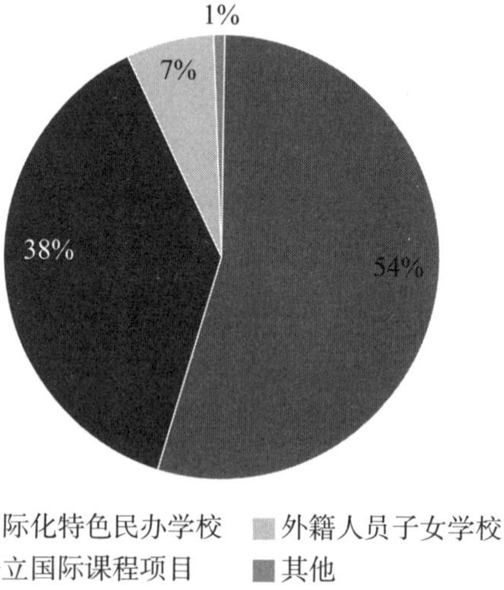

图 3.18　2022 年西南地区各类型国际化特色学校占比

数据来源：顶思教育

（6）**东北地区**

东北地区包括辽宁、吉林和黑龙江三省。区域内仅沈阳一座新一线城市。东北地区面积约为 80.84 万平方千米，约占国土总面积的 8.4%，总人口约为 0.99 亿，约占全国人口的 7%。东北地区 2022 年 GDP 总量约 57,946.34 亿元。

表 3.8　东北地区各省面积、人口和 2022 年 GDP 数据

	面积（万平方千米）	人口（万人）	GDP（亿元）
辽宁省	14.8	4,259.1	28,975.1
吉林省	18.74	2,407.3	13,070.24
黑龙江省	47.3	3,185	15,901

数据来源：第七次人口普查公报、各省市统计局

从国际化特色学校的增长情况来看，东北地区 2013–2022 年的年复合增长率为 8.2%，略低于西南地区。十年间新增的 31 所国际化特色学校中，辽宁省最多，达 21 所，黑龙江省次之，为 6 所，吉林省为 4 所。城市层面，沈阳市和大连市各新增 9 所，哈尔滨市新增 6 所。2022 年东北地区新增 1 所国际化特色学校。

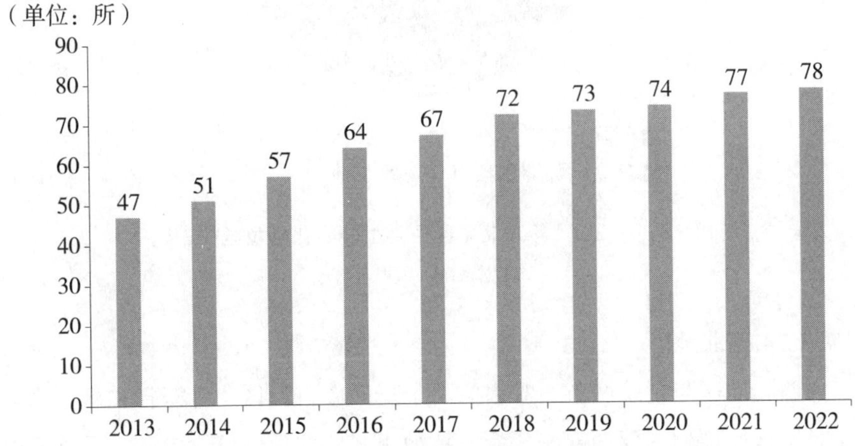

图 3.19　2013–2022 年东北地区国际化特色学校增长情况

数据来源：顶思教育

在东北地区设校的教育集团数量相对较少，根据顶思教育统计，7 个教育集团在东北地区运营 9 所国际学校；其中，枫叶教育集团和狄邦教育集团各两所。从品牌类型上来看，东北地区本土品牌学校占比高达 86%，英式和美式教育品牌各有 1 所。从学校性质上来看，和其他区域不同的是，东北地区公立国际课程项目占比最高，为 49%，国际化特色民办学校次之，占比为 33%（见图 3.20）。

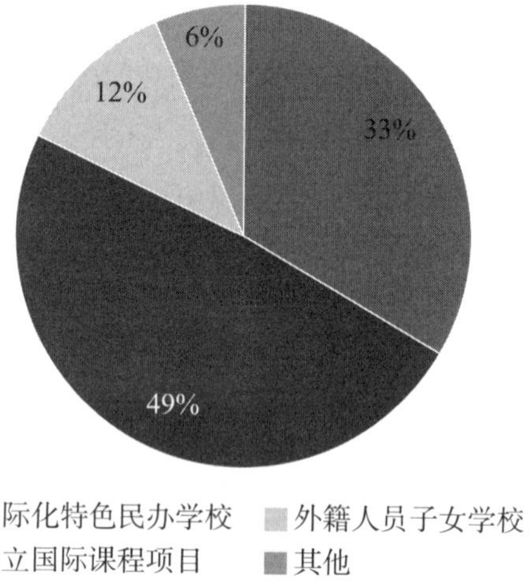

图 3.20　2022 年东北地区各类型国际化特色学校占比

数据来源：顶思教育

（7）西北地区

西北地区包括陕西省、甘肃省、宁夏回族自治区、青海省和新疆维吾尔自治区，区域内仅西安一座新一线城市。西北地区位于内陆，经济发展水平总体偏低，陕西省位居区域内第一，其次为新疆维吾尔自治区。西北地区总面积约为 308.5 万平方千米，约占国土总面积的 32%，人口总数约为 1.04 亿人，约占全国人口的 7.4%。西北地区 2022 年 GDP 总量约 70,395.29 亿元（见表 3.9）。

表 3.9　西北地区各省、自治区面积、人口和 2022 年 GDP 数据

	面积（万平方千米）	人口（万人）	GDP（亿元）
陕西省	20.56	3,952.9	32,772.68
甘肃省	42.58	2,502	11,201.6
宁夏回族自治区	6.64	720.3	5,069.57
青海省	72.23	592.4	3,610.1
新疆维吾尔自治区	166.49	2,585.2	17,741.34

数据来源：第七次人口普查公报、各省市统计局，顶思教育整理

从十年增长情况来看，西北地区近十年的年复合增长率为6%，略高于华中地区。近十年新增的22所国际化特色学校中，陕西省占据半数，为11所；其次为甘肃省，新增5所；宁夏回族自治区和新疆维吾尔自治区分别新增3所和2所。2021年西北地区新增1所，落地新疆生产建设兵团。2022年，西北地区没有新增校。

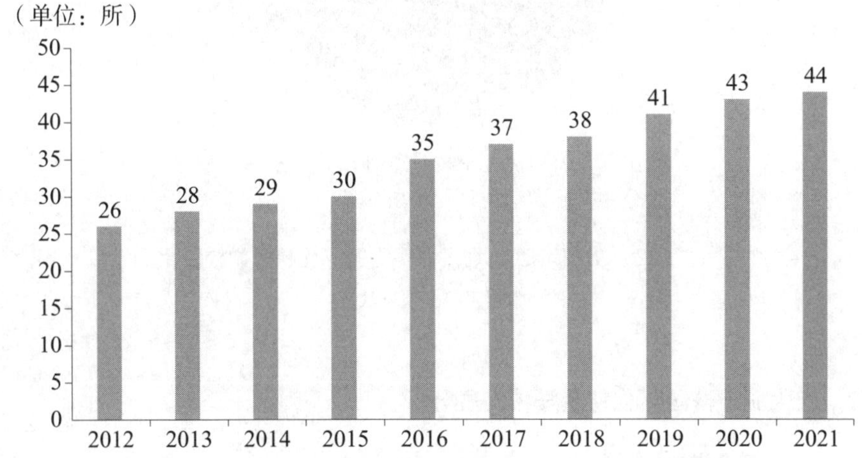

图3.21　2012–2021年西北地区国际化特色学校增长情况

数据来源：顶思教育

8个教育集团在西北地区运营10所国际化特色学校，加皇国际教育集团和中育贝拉国际教育集团各运营2所。从品牌类型上来看，本土教育品牌学校占比达90%，英式教育品牌学校1所，为西安德闳学校，暂无美式教育品牌学校。从学校性质上来看，和东北地区类似，西北地区也是公立国际课程项目数量最多，占比为45%；国际化特色民办学校次之，占比为43%；外籍人员子女学校和其他类学校分别占比7%和5%（见图3.22）。

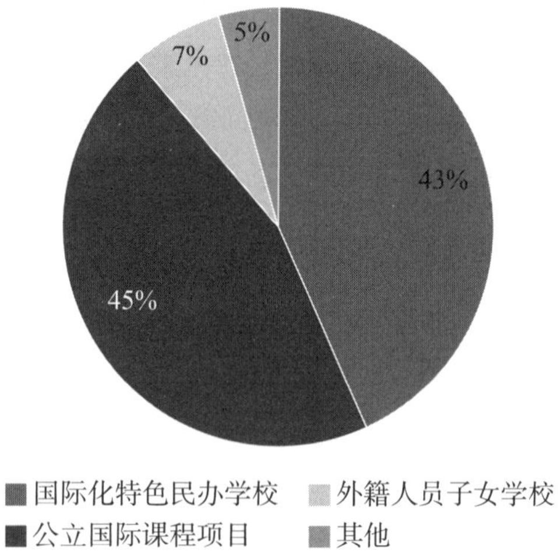

图 3.22　2022 年西北地区各类型国际化特色学校占比

数据来源：顶思教育

2．四大城市群国际化特色学校发展分析

（1）京津冀城市群

京津冀地区是中国的“首都经济圈”。京津冀城市群包括北京、天津两大直辖市，河北省保定、唐山、廊坊、石家庄、秦皇岛、张家口、承德、沧州、衡水、邢台、邯郸和河南省的安阳。其中，北京、天津、保定、廊坊为中部核心功能区，京津保地区率先联动发展。

截至 2022 年，京津冀城市群共有国际化特色学校 201 所，其中北京市 126 所，河北省 46 所，天津市 29 所。相较于华北地区 218 所的国际化特色学校总量，京津冀城市群占比高达 92%。新增校方面，2022 年京津冀城市群新增 7 所国际化特色学校，其中北京市 6 所，河北省 1 所。

（2）长江三角洲城市群

根据 2016 年国务院常务会议通过的《长江三角洲城市群发展规划》，长江三角洲城市群包括：上海市，江苏省的南京、无锡、常州、苏州、南通、盐城、扬州、镇江、泰州，浙江省的杭州、宁波、温州、嘉兴、湖州、绍兴、金华、舟山、台州，安徽省的合肥、芜湖、马鞍山、铜陵、安庆、滁州、池州、宣城 27 市。

截至 2022 年，长江三角洲城市群共有国际化特色学校 398 所，约占华东地区总数的 72%；其中，江苏省数量最多，达 166 所；上海市其次，为 125 所。

（3）粤港澳大湾区

粤港澳大湾区包括香港特别行政区、澳门特别行政区和广东省的广州、深圳、珠海、佛山、惠州、东莞、中山、江门、肇庆等 9 市，是中国开放程度最高、经济活力最强的区域之一，在国家发展大局中具有重要战略地位。

截至 2022 年，粤港澳大湾区共有国际化特色学校 301 所，除了广东省的 9 市有 228 所外，香港特别行政区和澳门特别行政区分别拥有 64 所和 9 所。2022 年区内新增 12 所国际化特色学校，包括广州市 7 所，深圳市 3 所，东莞市和中山市各 1 所。

（4）成渝城市群

成渝城市群以成都、重庆为中心，是西部大开发的重要平台，是长江经济带的战略支撑，也是国家推进新型城镇化的重要示范区。成渝城市群具体范围包括四川省的成都、自贡、泸州、德阳、绵阳（除北川县、平武县）、遂宁、内江、乐山、南充、眉山、宜宾、广安、达州（除万源市）、雅安（除天全县、宝兴县）、资阳等 15 市；重庆市的中心城区及万州、黔江、涪陵、綦江、大足、巴南、长寿、江津、合川、永川、南川、潼南、铜梁、荣昌、璧山、梁平、丰都、垫江、忠县等 27 个区（县）以及开州、云阳的部分地区，总面积约 18.5 万平方千米。

2022 年成渝地区共有国际化特色学校 80 所，其中，成都市 52 所，重庆市 28 所。2022 年，成渝地区新增国际化特色学校 2 所，均落地成都市。

三、中国城市国际化特色学校发展指数

从国际学校的办学实践和区域发展上，顶思教育发现，国际学校办学同地区经济发展水平高度相关，通过对 2022 年 GDP 总量排名前 50 的城市

进行综合比较和研究，从GDP总量、人均GDP、人口净流入量、出生率、每百万人口学校数、近三年新增校数量、房产市场和地方政策（收费管理、招生政策、建校流程制度）等多项指标进行综合评分，通过降序排列赋分，再将各项得分加权汇总，可计算这些城市的办学指数得分。

这里把上述各项指标汇总成五个维度，包括宏观经济发展水平、人口统计数据、房地产发展前景、国际化特色学校发展现状和国际化特色学校地方政策，每个维度再细分不同的指标，每个维度的满分为20分。具体维度和分类细则参考下表。

表3.10 中国城市国际化特色学校发展指数维度和评分说明

序号	维度	内容	评分说明
1	宏观经济发展水平	GDP总量、GDP增幅、人均GDP、人均可支配收入	满分20分，单项各5分
2	人口统计数据	人口总量、人口净流入量、人口出生率	满分20分，人口总量为6分，人口净流入量和人口出生率各7分
3	房地产发展前景	房地产市场容量、投资开发和市场供求情况、购买能力	满分20分
4	国际化特色学校发展现状	国际化特色学校数量、每百万人口学校数、近三年新增校数量、未来新增校预测	满分20分，单项各5分
5	国际化特色学校地方政策	收费管理政策、招生政策、建校流程和审批、运营监管及其他方面	满分20分，单项各5分

注：本指数由顶思教育制定发布，评分依据顶思教育研究小组综合评分

1. 宏观经济发展水平

总体上看，地区的宏观经济发展水平和国际化特色学校投资环境有较强的正相关性，经济发展水平较高的地区往往有着较高的投资吸引力，容易吸引产业集聚，带来国内外人才的持续涌入，也刺激了国际化教育的需求。

在衡量宏观经济发展水平的各项指标中，本节主要参考GDP总量及增幅、人均GDP、人均可支配收入，兼顾社会消费品零售总额、消费者物价指数等指标，对50座城市的数据进行了综合排名；除一线城市外，另选取其中排名前20的城市进行深入分析，得出综合排名如下：

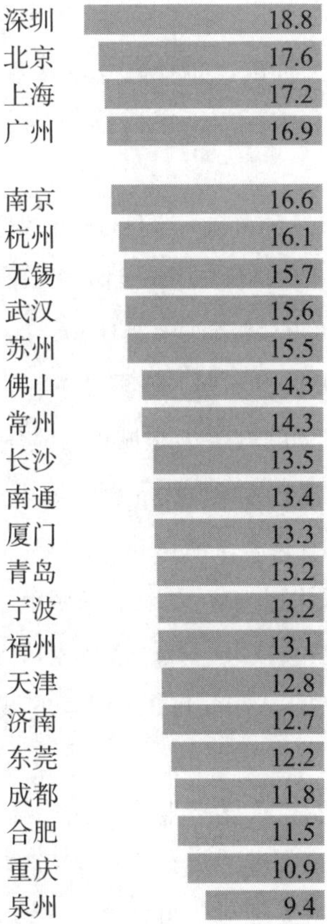

图3.23 宏观经济发展水平前24名城市排名

一线城市方面，深圳各项指标表现优异，尤其在经济增速方面超过北京、上海和广州，综合排名第一。

其他城市方面，南京、杭州、武汉和苏州表现优异，无锡、佛山和常州因较高的人均GDP跻身前列，尤其是无锡，人均GDP高居全国第二，常州也仅次于上海市，排在全国第十。

2．人口统计数据

人口是城市所有经济社会活动的基础，城市本身就是人口和产业不断集聚所形成的空间单元。常住人口也是衡量一座城市发展的重要参考指标，不断涌入的人才更是城市蓬勃发展的重要资源。

根据《第七次人口普查公报（第七号）》，中国现在城镇化率为 63.89%，已经高于 55.3% 的世界平均标准，且还处在较快发展区间。城镇化将带来劳动人口供给增加、消费需求释放，包括教育、医疗在内的各项基础设施也面临较大缺口。

根据 2014 年国务院印发的《关于调整城市规模划分标准的通知》，新的城市规模划分标准以城区常住人口为统计口径，将城市划分为五类七档：小城市、Ⅰ型小城市、Ⅱ型小城市、中等城市、大城市、Ⅰ型大城市、Ⅱ型大城市、特大城市、超大城市。划分依据如下：

城区常住人口 50 万以下的城市为小城市，其中 20 万以上 50 万以下的城市为Ⅰ型小城市，20 万以下的城市为Ⅱ型小城市；城区常住人口 50 万以上 100 万以下的城市为中等城市；城区常住人口 100 万以上 500 万以下的城市为大城市，其中 300 万以上 500 万以下的城市为Ⅰ型大城市，100 万以上 300 万以下的城市为Ⅱ型大城市；城区常住人口 500 万以上 1,000 万以下的城市为特大城市；城区常住人口 1,000 万以上的城市为超大城市（以上包括本数，以下不包括本数）。

城市的发展常常伴随着“人随产业走、人往高处走”的人口迁徙，目前我国已经处于人口红利下行期，人口出生率呈整体下降趋势，因此如何吸引更多人口尤其是高素质人才成为城市竞争的重要课题。一座城市的制度环境和经济发展相对具有较强吸引力，就能吸引更多人口流入，反之则会出现劳动力尤其是年轻劳动力的外流。

因此，城市的人口统计数据也将对国际化特色学校的建校运营带来重大影响，具体看来，除了人口总量、人口增量（人口净流入量和出生率指标），还包括人口年龄结构、受教育程度等因素。

从人口统计角度上，一线城市中，上海无论在总量还是增量上，都位居第一，各项指标均较为突出，深圳和北京得分相同，其次为广州（见图 3.24）。

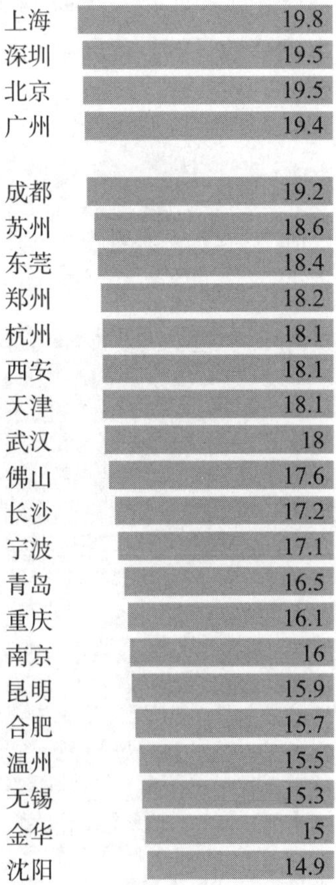

图 3.24　人口统计数据前 24 名城市排名

3．房地产发展前景

教育和房产对很多人的日常生活影响较大。教育与房地产的联动曾催生了饱受争议的学区房，但随着各地产业的发展和城镇化的推进，教育和房地产经历了改革的阵痛后，规范化发展的市场环境仍蕴含生机。因此，我们在国际化特色学校建校和运营环境里加入了对城市未来房地产前景的研究。

在对我国城市房地产发展前景的分析方面，本节引入了行业内颇具影响力的克而瑞（CRIC）中国城市房地产市场投资前景前50榜单。在排名上，综合考虑市场容量、市场供求、购买能力等城市发展基本情况；同时将高校在校生数量、房地产开发投资额、土地财政依赖度、基础设施投资水平、教育支出、高星级酒店数量等外部因素也作为关键项目进行评估，从而得出最终排名（见图3.25）。

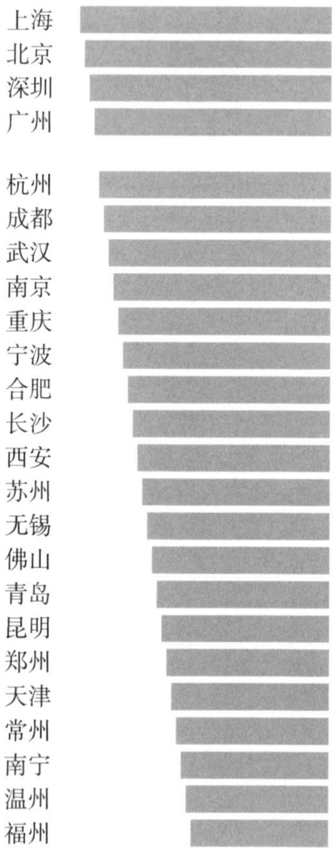

图3.25　房地产发展前景前24名城市排名

一线城市因为人口基数较大，且人口流入量大，在经济基本面、潜在购房需求和购买力等相关指标方面表现也十分突出；加之在教育、基础设施建设等指标方面具有先天优势，一线城市房地产市场发展前景依旧位居前列。

新一线及二线城市中，杭州（华东）、成都（西南）和武汉（华中）分别代表三个区域跻身前三名。榜单前十有四座城市来自长江三角洲城市群，分别是上海、杭州、南京和宁波，两座来自成渝城市群，两座城市来自粤港澳大湾区，一座来自京津冀城市群。

4．国际化特色学校发展现状

在对主要城市的国际化特色学校发展现状的分析中，本节从国际化特色学校数量、每百万人口学校数、未来新增校数量三个方面，对各大城市进行量能评级（见图 3.26）。

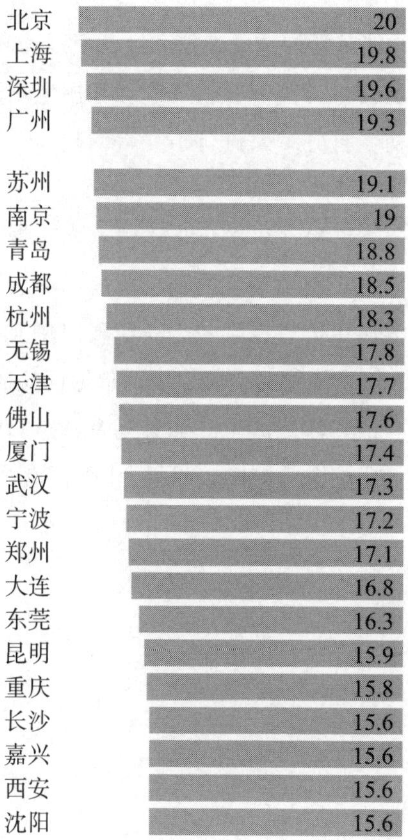

图 3.26　国际化特色学校发展现状前 24 名城市排名

一线城市中，北京无论从总量还是增量上，均有较大优势。北京早在2019年即提出了《北京市国际学校发展三年行动计划（2019–2021年）》，并于2020年12月进行了中期调整，在未来新增校方面预期较高。除此之外，新一线和二线城市中，苏州表现极为亮眼，近几年国际化特色学校增量也较为显著。排名前十的城市中，华东地区城市共占据6个。北京领衔华北地区，天津排在了第11位，成都领衔西南地区，昆明和重庆双双入选前24名，武汉领衔华中地区，郑州和长沙也分列第16和第21位，大连和西安则分别领衔东北地区和西北地区。

5. 国际化特色学校地方政策分析

本节把影响国际化特色学校选址建校和运营发展的政策分成四个方面：建校审批管理、学校运营日常监管、收费管理和招生政策。在分别对四个方面进行打分后，对初步打分结果进行了复盘调整，最终形成了政策环境指标的分值排名（见图3.27）。

一线城市中，广州不论是在审批还是运营方面政策相对趋严。苏州在政策方面有一定优势，也吸引了较多的新校落地。华东地区共有十座城市进入榜单，长江三角洲城市群占据半数，浙江和福建上榜城市较多。总体上看，东部沿海地区政策环境相对较好，中西部地区仅成都、重庆、武汉、昆明等中心城市上榜。值得注意的是，随着昆万铁路的通车，中西部地区的对外开放多了新的发展方向，未来或对国际化教育提出新的要求。

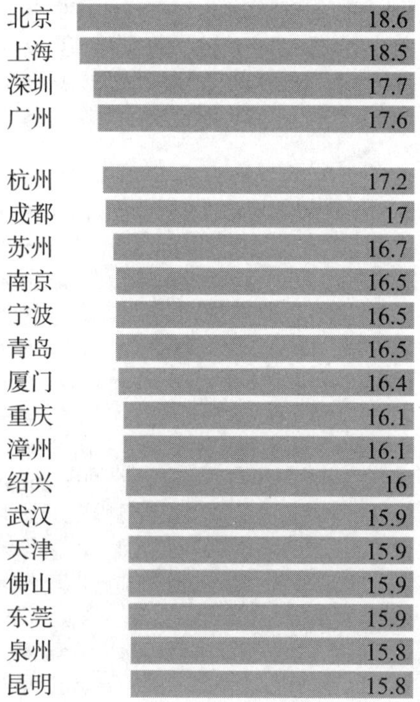

图 3.27　国际化特色学校政策环境前 20 名城市排名

最后，我们将上述五大维度的指标进行了加权汇总，最终得到中国城市国际化特色学校发展指数前二十榜单。上海、北京、深圳、广州为第一梯队，在未来发展上，仍有较为明显的发展优势，杭州和苏州占据非一线城市前两名，均为长三角重点城市，各类教育集团投资活跃，区域联动性强，因此这六座城市为五星城市。南京、成都、武汉、青岛、宁波、无锡、长沙、佛山总分超过 80 分，为四星城市，这些城市蕴含较大的发展潜力。五星和四星城市在各项指标均有较好的表现，也是中国国际教育的高地，在未来发展中也将继续扮演着先驱者的角色，在先行先试上示范引导，促进区域国际教育共同发展（见图 3.28）。

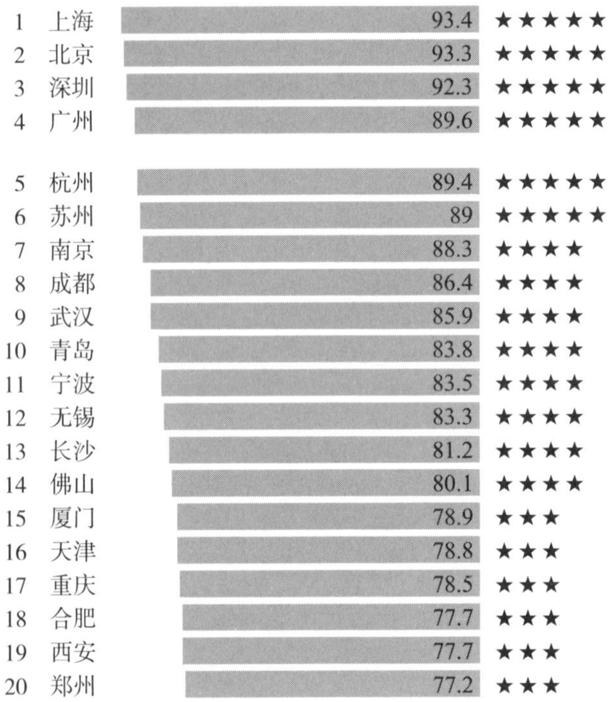

图 3.28　中国城市国际化特色学校发展指数前 20 名榜单

四、国际化特色学校薪酬福利和人力资源综合管理

1. 薪酬调研和教师福利调研

根据顶思教育《2023 年中国国际学校薪酬报告》(以下简称“报告”)，总体来看，2022–2023 年国际化特色学校的教师人才市场呈现五大显著特点：第一，市场对教师人才质量的要求进一步提升；第二，市场对运营管理岗位需求减少，对教学管理岗位需求旺盛；第三，人才结构性矛盾延续，工作难找、人才难招，人才供需失衡；第四，人才区域化流动无明显定式，新一线城市正广泛吸纳一线城市优质人才流入；第五，人才全球化流动进一步加强，人才赴境外工作意向度有增强。

与此同时，报告基于 45 个样本学校调研，得出以下推论：2023 年样本国际化特色学校的中教的平均薪资获得了 29% 的大幅度增长，外教仅增长了 1.1%。2021–2023 年，中外教薪资差异在 2023 年最小；中方教师的薪资容易受到所在城市消费水平的影响，差距基本在 25%–30% 之间；外籍教师的薪资受地域影响相对小很多，尤其是一线外教的薪资和新一线几无差别。

国际化特色学校福利数据呈现下面几大特色：2023 年样本国际化特色学校为外籍员工缴纳五险一金的比例为 10%，较 2022 年的 17% 有较大幅度的减少；为外籍员工提供商业医疗保险的学校比例则从 2022 年的 47% 增长为 2023 年的 94%；90% 以上的学校为中外员工提供子女教育福利，从学费减免比例来看，外籍员工享受 100% 的减免，占了最大的比例。

2．国际化特色学校人才流动和发展趋势

（1）调薪与离职

报告把近四年的中外籍教师的调薪比例做了纵向展示对比后发现，中外籍教师薪资增长比率逐年略减且呈综合稳定之势，并未出现较大的幅动。此次调研，首次发现有学校外籍教师的年度综合薪资水平涨幅为负数。

从离职率的维度来看，在学校性质上，国际化特色民办学校和外籍人员子女学校为最高，公立国际课程项目为最低，彰显公立学校的稳定优势；其中，外籍人员子女学校的主动离职率最高，国际化特色民办学校的非主动离职率最高。在城市等级上，新一线和一线城市的主动离职率远高于非主动离职率，但在二线及以下城市，非主动离职率高于主动离职率。

（2）人才品质和市场观察

2023 年国际教育行业开始复苏，学校的团队建设、优化在持续进行中；2021–2023 年，中、外教平均薪资水平都有不同程度的增长，但薪资的增长与教学质量不成正比，这一情况也引起了学校的关注，因而对求职者的质量要求更高、更严，教师薪资趋于理性化。

根据顶思教育的报告，外籍教师在资质、专业性和经验方面备受关注，对于外教的资质要求不再局限于语言证书，市场多要求外教在母国有相关教学资质和教学经验。随着课程的融合和学校对教研工作的要求提高，外

教的学习能力也非常受关注；同时，由于师资团队背景的多元化、学生发展的差异化，对外教的综合素养要求也更高。

根据对人才市场的调研，顶思教育发现，目前求职者呈现两大趋势，一是教学经验不足、学历背景优秀；二是教学经验丰富，学历背景不能满足学校的要求。学历背景和教学经验是学校招聘教师的必备条件，整体来看，目前人才市场上学历背景好的求职者，普遍存在年轻化、经验少等特点，在学术上和教学教研等方面需要时间去培养；另一方面，求职者学历背景越好，越倾向于选择一线城市，进而造成人才区域化的不均衡。

（3）行业人才发展趋势

根据顶思教育的报告，中外方总校长的薪资2022–2023年都有小幅度的下降，其中中方总校长平均薪资降了4%，外方校长平均薪资降了9%。随着国际化特色学校行业的规范化运营和资本市场对教育的影响减少，校长的薪资“泡沫”自2020年之后逐渐消退。

相较于2022年，中教的平均薪资获得了29%大幅度增长，这与疫情期间外教数量减少、学校结构性调整中教师资并加大骨干和优质教师比重有关。中方教师的薪资增长空间较大，岗位价值愈发突显。

外教方面，国际化特色学校的母语外教占比从2021年的66%上升到2023年的81%，一定程度上体现了市场对于高品质外籍教师的要求，除对其在学历、教师资格证、教学经验等硬性条件的要求之外，全球名校毕业的背景也成了一个“加码”。

3. 优化提升对外籍教师的聘任和管理

2022年2月，《教育部2022年工作要点》发布，在第32条“推进高水平教育对外开放”中提出：发布实施《外籍教师聘任和管理办法（试行）》，启用外籍教师综合信息服务平台。

根据中国政府采购网招标公告信息，外籍教师综合信息服务平台2023年投入使用，平台包括外籍教师资质审查、外籍教师基本信息管理、外籍教师社会查询模块，面向教育行政部门以及科技、公安、人社等部门和社会公众。教育行政部门对外籍教师基本信息进行日常管理，科技、公安、人社等部门通过平台实时信息共享，社会公众可进行外籍教师基本信息社会查询。

从项目的采购需求文件来看，教育部国际司对于信息平台提出了很多具体的要求，如与科技部的“外国人来华工作许可系统”进行技术对接，以及要求投标方做好外籍教师培训工作、调研工作、评价考核工作、外事干部培训、标准编制工作、政策解读工作等。这也足见外籍教师综合信息服务平台担负的并非简单的信息公示，而是一个综合服务平台，相比此前部分教培企业推出的外籍教师公示及资质检索系统，功能更为全面。

除了启用外籍教师综合信息服务平台，《教育部 2022 年工作要点》提到的发布实施《外籍教师聘任和管理办法（试行）》则是对教育机构聘任和管理外教作出了详细的制度规定。早在 2020 年 7 月，教育部便会同科技部、公安部、外交部在深入研究和广泛征求意见基础上，制定了《外籍教师聘任和管理办法（征求意见稿）》，面向社会公开征求意见。这份征求意见稿共五章 38 条，从基本方针、管理体制、资质条件、合同管理、信息公示、岗位培训、日常监管、从业禁止、管理责任等方面对各类教育机构聘任和管理外籍教师作出了详细规定。

针对市场上出现的外教乱象，《外籍教师聘任和管理办法（征求意见稿）》（以下简称《办法》）提出了多项要求：

首先，明确准入门槛，扩大开放也需保证质量。《办法》在第七条（基本要求）中提出，“外籍人员具备取得来华工作许可和工作类居留证件所需要的条件，具备本办法规定的教育教学专业资质”，在第八条（资质条件）中规定，外籍教师应当具备从事教育工作所必需的教育资质和教学技能，应当具备学士以上学位并受过相应的语言教学专门训练，取得相应的语言培训资质且一般从事母语国母语教学。第九条（其他条件）中提到，外籍教师应当身心健康，品行良好，无犯罪记录，无传染性疾病和精神障碍史，无性骚扰、吸食注射毒品、长期服用依赖性精神药品等行为以及其他可能对学生安全和身心健康造成影响的疾病、行为。

第二，明确外教基本义务，立德树人也是外教的行为准则。《办法》第五条（特定义务）规定：外籍教师应当遵守中国法律法规，遵守中国的公序良俗和教师职业道德，遵守教育与宗教相分离的原则，所实施的教育教学活动和内容应当符合中国的教育方针和教学基本要求，不得损害中国的国家主权、安全、荣誉和社会公共利益。

第三，各级相关部门和教育机构明确分工，严格外教管理体制。《办法》第六条（管理体制）中明确了国务院教育行政部门负责教育机构聘用外籍教师的统筹监管，并明确了国务院外交、科技、公安、移民等行政部门以及地方人民政府教育行政部门的管理职责。在第十七条（机构职责）、第十九条（信息公示）和第二十三条（考核监督）中，规定了教育机构在外教管理、信息公示、考核监督等方面的具体职责。

最后，建立外籍教师信用记录制度，对“问题外教”实行从业禁止。《办法》第二十九条（诚信记录）提出，建立外籍教师信用记录制度。对获得政府及有关部门表彰、信用记录良好的外籍教师，由科学技术行政部门和公安机关出入境管理机构在获得许可、办理相关手续等方面提供便利。第三十一条（从业禁止）要求对违反相关规章制度的外教及时解聘，并报告主管教育行政部门，记入信用记录，实行从业禁止。

五、国际化特色学校评估管理的全球经验与中国路径

在世界范围内，国际化特色学校认证已经发展为一种成熟和完备的教育质量评价和教育管理制度，对各国国际化特色学校教育质量的保证和改进起到了重要作用。当前，世界主流国际化特色学校认证管理工作已经形成了认证机构丰富多样，兼具权威性和独立性；认证标准细致全面、与时俱进；认证流程规范、连续，历时较长；认证结果客观公正、动态监测等特点。

进入 21 世纪，中国国际化特色学校也迎来快速发展期。越来越多的国际化特色学校参与了国际认证机构的认证活动，取得了不少世界权威机构的认证，在世界舞台彰显出了优异的办学质量。中国也通过自己的创新实践，在借鉴国外先进认证工作的基础上，开展了对在华国际学校的认证工

作，为世界国际化特色学校认证贡献了中国经验。

1．世界主流国际化特色学校的认证体系特征

（1）认证机构类型丰富多样，兼具权威性和独立性

世界主要国际化特色学校认证机构类型丰富多样，主要以第三方机构为主体，在注重政府对学校监督的同时，也注重社会大众行使教育监督的权利，在教育督导评价过程中积极引入各方力量，具有非政府特性的第三方民间教育评估认证机构日渐兴起并发展壮大。第三方认证是指非政府部门和人员主导或参与的教育评价。此类机构具有独立于政府行政机构的特点，其认证评估工作相较于其他机构有着明显的公正性、专业性、灵活性，也因此获得了一定的权威性，受到了社会广泛的接受与好评。国际化特色学校的第三方认证机构基本形成以专业性认证机构为主，国际学校行业协会组织性认证机构为辅，课程及考试组织多方参与的格局。这样格局的形成离不开政府教育主管部门的直接参与或间接授权。

兼具权威性与独立性的专业性第三方认证机构

专业性第三方认证机构是指以对学校或教育组织进行认证或评估作为主营业务的机构，凭借其在认证评估领域的专业技术和领先优势，获得行业的广泛认可。其中具备一定影响力的机构包括教育发展信托（Education Development Trust）、科尼亚（Cognia）、英国私立学校督导团（Independent Schools Inspectorate）（见表 3.11）。

表 3.11　三大专业性第三方认证机构概况

名称	英文全称	成立时间	国家
教育发展信托	Education Development Trust	1968 年	英国
科尼亚	Cognia	2018 年	美国
英国私立学校督导团	Independent Schools Inspectorate	2007 年	英国

教育发展信托是由 1968 年在英国成立的英国教师中心更名而来，目前是一所全球性的第三方教育认证组织。该机构为全球的国际学校提供发展性认证评估服务，通过认证的学校将获得国际学校质量标志（International School Quality Mark，简称 ISQM），并根据不同认证结果的等级被授予“金牌”“银牌”或“铜牌”。

科尼亚由全球最大的认证机构世界先进教育促进组织（AdvancED）与基于标准的评估创新者（Measured Progress）在 2018 年合并而成。其历史最早可以追溯到成立于 1895 年的中北部协会认证和学校改进委员会（North Central Association Commission on Accreditation and School Improvement）和南方学院和学校认证与学校改进理事会（Southern Association of Colleges and Schools Council on Accreditation and School Improvement）。经过一个多世纪的历史发展与沉淀和多家认证机构的合并与重生，科尼亚已经成为学校评估领域的领导者，截至 2022 年，已为美国及其他国家和地区的 300 多所学校提供了质量认证。

英国私立学校督导团曾隶属于英国私立学校委员会（Independent School Council），于 2007 年从该委员会中分离出来，转型成为一家独立的非营利性有限公司。至今，英国私立学校督导团依旧凭借其在 2003 年获得的英国国务大臣批准与授权，对英国私立学校委员会的成员学校展开认证评估工作。目前，私立学校督导团已经对包括英国本土及海外学校在内的约 1,200 所私立学校进行了认证与督导。

多元的行业联盟组织性认证机构积极参与

国际化特色学校的行业联盟与合作组织也承担了学校的认证与评估职能。这些联盟与组织主要分为两类，一类本身提供专业认证与评估服务；另一类虽不提供认证与评估服务，但其依据某种理念和愿景成立，在招募会员时设立一定条件和资质，对符合条件的学校进行会员招募，获得会员资格的学校在某种程度上也被视为获得某种认证。此类行业联盟或组织主要包括：

国际学校联盟（Council of International Schools，简称 CIS）被誉为全球学校评估和认证领域的领导者，其影响力和权威性受到业内广泛认可。根据其官网数据显示，CIS 已为全球 112 个国家超过 700 所中小学，以及 500 所大学和学院进行认证。CIS 的认证结果同时也被美国、英国、加拿大的不同国际学校认证组织所认可。

英国国际学校理事会（Council of British International Schools，简称 COBIS）成立于 1989 年，隶属于英国私立学校委员会，由分布在欧洲、亚洲、非洲和美洲的 130 多家全球一流的英国国际学校组成。COBIS 不仅致力于促进英国学校在海外办学，同时也承担了对海外英国学校的审批与认证。目前，COBIS 已为全球超过 80 个国家的 450 所学校提供审查与改进支持，与超过 500 家机构建立合作，其中包括英国政府、教育机构及企业部门，已成为英国学校最为权威的审查机构之一。

中部各州学院和学校协会（The Middle States Association of Colleges and Schools，简称 MSA）成立于 1887 年，致力于为美国境内外的公立和私立大学学院、中等和初等教育学校及境外分支机构进行认证和评估，以保证参与认证的学校能够持续提供高质量的教育。MSA 下设两个委员会，高等教育委员会（Middle States Commission on Higher Education，简称 MSCHE）及初等和中等教育委员会（Middle States Association Commission on Elementary and Secondary Schools，简称 MSA-CESS）。MSA 已经有 125 年的历史，在学校认证和为学校提供改进建议方面具有一定的全球影响力。目前其会员遍布美国及世界各地 112 个国家，认证了全球超过 2,600 所学校及学习服务提供商。

西部学校和学院协会（Western Association of Schools and Colleges，简称 WASC）成立于 1962 年。WASC 负责美国及其境外分支机构所在地区的公立和私立大学、学院、中等教育和初等教育机构的认证。其下设三个委员会，学校认证委员会（Accrediting Commission for Schools），社区和初级学院认证委员会（Accrediting Commission for Community and Junior College），学院和大学委员会（Senior College and University Commission）。其中，学校认证委员会主要认证小学、中学、非学位授予成人学校，致力于通过认证服务鼓励学校不断改进提升。WASC 目前已经认证了美国及其他国家和地区的 5,094 所学校，为世界各地 473 所国际学校提供服务。

国际学校教育合作组织（Educational Collaborative for International Schools，简称 ECIS）成立于 1965 年，是一个非营利性的全球会员制组织，在教师发展、领导力发展、招聘、人力资源、治理和风险等领域为学校提供支持。其会员体系分为学校、商业和高等教育三个类别。ECIS 目前已经拥有来自六大洲 80 余个国家的 425 所会员学校。

圆方组织（Round Square，简称 RS）成立于 1966 年，是国际性的学校组织联盟。成立 50 多年来，成员以每年 10% 的速度增长，目前在全世界 40 多个国家有 168 所秉承相似教育理念的成员学校。成员学校的学生均有机会参加及筹备各项全球大会、进行校际交换、接待 RS 交换生，并参与到各类全球服务项目中。

英国国际学校亚洲联盟（The Federation of British International Schools in Asia，简称 FOBISIA），成立于 1988 年。该联盟致力于为东亚地区的国际学校提供标准、优质的英式教育和课程，促进英式国际学校间的交流与合作。目前该联盟拥有 87 所会员学校，分布在亚洲 19 个国家和地区。

东亚地区海外院校协会（East Asia Regional Council of Schools，简称 EARCS）成立于 1968 年。EARCS 旨在通过成员学校的活动促进跨文化理解和国际友谊，并且与美国西部学校与学院协会（WASC）合作，支持东亚学校的评估、认证计划。目前，EARCS 已经在东亚地区拥有 200 所成员学校。

中蒙国际学校协会（Association of China and Mongolia International Schools，简称 ACAMIS）成立于 1999 年，是东亚国际学校的非营利性协会，侧重于促进会员学校间的沟通与成长，在体育比赛和艺术文化方面为会员学校学生提供更多机会。

表 3.12　主要国际认证概况

类别	名称	英文全称	成立时间	国家
认证、评估	国际学校联盟	Council of International Schools	1949 年	荷兰
	英国国际学校理事会	Council of British International Schools	1989 年	英国

（待续）

（续表）

类别	名称	英文全称	成立时间	国家
认证、评估	中部各州学院和学校协会	The Middle States Association of College and Schools	1887 年	美国
	西部学校和学院协会	Western Association of Schools and Colleges	1962 年	美国
会员	圆方组织	Round Square	1966 年	英国
	英国国际学校亚洲联盟	The Federation of British International Schools in Asia	1988 年	英国
	国际学校教育合作组织	Educational Collaborative for International Schools	1965 年	英国
	东亚地区海外院校协会	East Asia Regional Council of Schools	1968 年	菲律宾
	中蒙国际学校协会	Association of China and Mongolia International Schools	1999 年	中国

政府参与授权

对学校的督导与认证评估是国家教育部门的主要责任之一。国际化特色学校虽不隶属于公立教育系统，主要由私立学校构成，但世界各国政府还是通过各种形式将其纳入督导管理的范围之内。国际化特色学校的认证评估工作主要得到政府两个方面的支持，一方面政府成立相关的行政机构，依法审批、监督国际化特色学校，确保学校执行国家的相关政策法律，确保学校教育质量稳定、有序提升；另一方面通过对相关中介机构授权或外包服务的形式，执行政府对学校相关要求的考评、调查，并将结果向政府或立法机关汇报，以实现对学校的监督和管理。此类政府机构主要包括：加拿大国际认证信息中心（Canadian Information Centre for International Credentials，简称 CICIC）、英国教育标准局（Office for Standards in Education, Children's Services and Skills，简称 Ofsted）、中国教育部基础教育与课程教材发展中心。

加拿大国际认证信息中心是加拿大教育部的下属机构，负责受理在加拿大境外提供加拿大课程并颁发学历的教育机构及学校的申请认证工作。

1992 年，英国政府成立了英国教育标准局，以此取代了成立于 1839 年的皇家督学团。Ofsted 属于非政府序列部门，直接对教育大臣和议会负责，通过与教育部及其他部门的合作，完成对英国的基础教育及高中学校的评估任务。Ofsted 可以直接对私立学校进行评估，也可以通过对其他评估机构的授权与监督间接执行对学校的评估。在英国，Ofsted 对不属于英国私立学校委员会的学校进行评估。2011 年，Ofsted 通过授权，批准了一些组织与机构对英国海外学校进行检查和监督。同时，Ofsted 有权代表英国教育部监督私立学校督导团的工作。

2001 年，中国政府在借鉴世界各国对国际学校认证经验的基础上，开始探索依照中国法律办学和保证教学质量的认证管理机制。2002 年教育部正式授权教育部基础教育与课程教材发展中心（National Center for School Curriculum and Textbook Development，简称 NCCT）开展在华国际学校认证工作。

（2）认证标准细致全面，与时俱进

认证标准是教育认证与评估活动的依据。全球学校评估认证机构众多，每家机构都会依据自己的标准进行认证与评估工作。由于认证主要围绕学校工作展开，所以认证标准主要聚焦于学校管理、课程建设、教师教学、学生培养等基本功能。因此，众多认证机构的认证标准具有较为稳定的核心模块。经过对比主要认证机构标准的一级目录部分，不难发现这些模块包括使命、愿景和目标，基础设施情况，领导及治理能力，学校权益及福祉，课程及教学，寄宿情况等内容。除了以上较为普遍的认证模块与维度，一些认证机构还根据自身的优势与传统，对认证的标准进行了创新。例如科尼亚（Cognia）在沿用世界先进教育促进组织（AdvancED）的三个维度的认证标准之后，于 2021 年开始采用了全新的认证标准维度，更加聚焦于以学生为中心、公平、学生福祉等方面（见表 3.13）。下文将选取一些具有较大影响力和创新特色的机构认证标准进行介绍与分析。

表 3.13　主要国际认证的标准维度

英国海外学校标准	Cognia K12 和高等教育机构的表现标准	COBIS“赞助人认证与合规性”标准	中部州立学校及学院协会中小学委员会评估标准
教育质量	学习的文化	招聘安全与保障	基础
学生的精神、道德、社会和文化发展	学习中的领导力	学生福祉	治理与组织
学生的福祉、健康和安全	学习的参与	设施	学生福祉
教职工和管理者	学习的提高	治理	资源
学校设施和宿舍		寄宿	教学和学习
信息提供		教学	
投诉处理		学校的领导力	
学校管理和领导		沟通	
最低住宿标准		课外活动	

英国海外国际学校认证的纲领性标准——《英国海外学校标准》

2010 年，英国教育部严格按照 2001 年《教育（私立学校标准）条例》（The Education (Independent School Standards) Regulations）制定了《英国海外学校标准》（The Standards for British Schools Overseas）。目前，该标准已经成为英国海外国际学校现行的质量监督与评估的纲领性文件，对学校认证标准进行了概述，获得英国教育标准局（Ofsted）授权的质量监督与评估认证机构以此标准为基准，对自愿参与认证与评估的海外学校提供认证服务。

从《英国海外学校标准》的主要内容中不难发现，此标准注重考察国际学校价值观、课程建设、学生福祉、校园安全、住宿等方面。国际学校自愿申请进行评估认证，只要获得由 Ofsted 授权的机构认证的结果，就意味着达到英国教育部批准的质量监督与评估标准，国际学校就可以向社会证明，其提供的教育与英国本土私立学校的教育质量是基本一致的。

蕴含英式教育理念的标准——英国国际学校理事会（COBIS）“赞助人认证与合规性”标准

2016年，COBIS设立了一项针对全球国际学校的外部认证计划——“赞助人认证与合规性”标准（The Patron’s Accreditation and Compliance Standards）。该计划的认证标准源于英国教育标准局和联合国全球契约组织。评估标准主要包括教育教学、安保设施、基础设施环境、学生福利、领导力与治理、价值观等。

COBIS的质量监督与认证评估体系标准基于英国本土文化背景和英式教育理念，在设定期望标准和问责标准的同时，侧重于英国海外英式教育国际学校的国际理解教育。

细致全面的认证标准——中部各州学院和学校协会初等和中等教育委员会（MSA-CESS）评估标准（2021年版）

2021年，为了使认证流程更简捷有效，紧跟学校教育环境的发展变化，MSA-CESS正式采用了全新的认证标准。新标准出台历时两年之久，由委员会的工作人员精心设计和研究，并咨询了会员学校的教育专业人士，采纳了评估认证工作组中的成员及志愿者的建议。目前已有12所美国或美国以外的国际学校成为新标准的试点学校。

新的标准由基础、治理与组织、学生福祉、资源、教学和学习五大部分组成。每一部分都会对该部分的基本原理进行阐释和解读，再细分为若干核心概念，最后罗列出质量指标，将评估标准逐层细化。

守正创新的认证标准——科尼亚（Cognia）基于世界先进教育促进组织（AdvancEd）标准的创新

Cognia成立之初继承并沿用了AdvancED多年积累形成的三个维度的认证标准，并且每五年对标准进行一次更新。Cognia评估认证工作标准因此更具有权威性、稳定性和延续性。

AdvancED认证标准的制定是围绕对“使每一个学习者都能够获得成功的驱动因素是什么？”这一问题的回答而展开的。AdvancED认为，虽然使每一个学习者成功的方法在不同学校会有不同，但是应该都离不开对学习和教学质量的关注。因此，应该通过建立一套评估标准以促进对学习和教学质量的改进，该标准应该成为推动学校展开各项工作，引发学校发生良性变革的有效工具。

2021 年，Cognia 在 AdvancED 标准的基础上，发布了学校认证全新标准《K12 和高等教育机构的表现标准》（Performance Standards K12 and Postsecondary Institutions）。新标准的首要特色是适用范围更广，实现了一份标准适用于从 K12 到高等教育学段间的所有学校和机构，不同类型机构间的认证标准不再有区别（不包含早期学习机构和拓展学习机构）。新标准的制定团队认为无论是什么类型的学校，其使命核心都在于激励和提升学习者，使其能够开发出自己的潜力，达到自身所能达到的最高成就。基于此理念 Cognia 对认证标准进行了整合。

除了对标准进行整合外，此次新标准还引入了“学习者为中心（learner-centered）”“体现公平（demonstration of equity）”和“学生福祉（learner well-being）”三个重要概念。其中，“学习者为中心”强调学校在整体运行中，无论是教学、管理，还是活动都要重视学生的发言权和能动性；“体现公平”则关注学校内的制度、文化、课程等环节需尊重学习者来自个人、家庭、不同文化背景的差异性或多样性特点；“学生福祉”则强调学生不仅在学校获得知识及成长，学校还需要为学生创设各种有利于学生全面发展的多样化学习环境和情境，使每个学生都能全面成长。

据此，Cognia 设计了“学习的文化（culture of learning）”“学习中的领导力（leadership for learning）”“学习的参与（engagement of learning）”“学习的增长（growth in learning）”四个维度的特征指标。这四个指标将在学校参与 Cognia 的同行评审过程中或获得认可后的持续改进阶段发挥重要作用。

（3）认证流程规范、连续，历时较长

国际学校认证机构在经历多年的发展和实践后，形成了较为规范、连续的认证流程。虽然认证机构众多，认证流程各有特色，但其主要流程中的共性环节主要有：提出认证申请、申请候选资格、候选考察、自我研究、考察团入校检查、委员会认证等环节。其中获得候选资格对学校能否进入正式认证流程至关重要，整个过程需要学校动员该校教职员工一起对学校各方面工作进行自我研究与讨论，一些机构也会组织学校建立自我研究委员会，指派负责认证的专职人员，并对校方进行相关的培训。由于认证的目的在于引导学校进行自我评估、自我规划，并为学校提供外部专业支持，帮助学校形成自我规划、自我发展的机制，促进学校的可持续发展，所以这一过程往往循序渐进，持续时间较长。

首先，获得认证候选资格是正式进入认证流程的“敲门砖”。候选资格表明学校已经获得了初步的认可，并在朝着全面认证的方向发展。学校在申请之前，需要认真了解认证机构对申请学校的基本要求。此类基本要求通常包括学校的设立需要符合所在国家法律要求，具有稳定的生源和学生数量，开设国际课程的比重等。学校需要填写申请候选资格材料，还需要提交一系列说明学校现在运作情况的材料或报告，如财务状况、办学许可、开设课程等方面。下一步，需要进一步了解及比对认证机构的候选学校资格条款，以确保达到要求。例如国际文凭组织（International Baccalaureate，简称 IBO）要求申请候选资格的学校要确保派出一名学校负责人担任协调员，并且参加研讨会，以熟悉 IB 的课程、理念及认证授权流程，以此对比学校的现行课程及教学运行状态是否符合 IB 学校认证的要求。中部各州学院和学校协会初等和中等教育委员会（MSA-CESS）要求申请学校在申请书中对 MSA-CESS 制定的 12 个重要领域标准作出回应。12 个重要领域分别是：使命、治理和领导力、学校改进计划、财务状况、设施、学校组织和人员、健康与安全、教育项目、学生学习的评估与数据、学生服务、学生生活与活动、信息资源。

学校一般依据要求以报告的形式汇总这些信息，并提交给认证机构进行审核。申请书获得批准后，进入候选审查阶段，认证机构将在这一阶段派出代表对候选学校进行若干天的初次实地考察或调研，主要目的是确保学校提供的资料真实、可信，并且具备根据认证机构的标准持续改进的能力。最终候选资格考察团队将出具一份调研报告提交给申请候选资格的学校，报告会指出目前学校距离认证标准存在的差距和程度，同时要求学校在考察团初次到访之后，提交学校对各方面意见的执行情况。学校所有审查通过后，具有候选资格的学校将进入下一环节的准备和考察，例如获得西部学校和学院协会（WASC）候选资格的学校考察期为三年。如果认证机构认为申请学校目前不符合认证机构的标准，将拒绝其进入全面认证，并且期望学校在明确标准及差距之后，弥补现有不足，之后再次申请候选资格。

其次，学校需要动员全校参与，通过自我研究对学校各项工作形成客观认知，提出可行性改进方案，形成自评报告。国际学校认证机构普遍注重学校在申请认证过程中对自身的研究。认证机构通过对学校自身认知、提升、变革过程的观察，认证学校是否具有潜力和能力在后续认证过程中依照认证标准持续对学校进行提升。获得 MSA-CESS 候选资格的学校，将进入自我研究进程，这一过程将需要持续 9 个月到两年的时间。MSA-CESS 为具备候选资格的学校提供两种不同的自我研究协议，并且对学校选择哪种类型的协议给出建议。学校需要在自我研究环节中综合初访团队提出的意见和认证机构标准，制定出可行性计划并落实执行，并对该计划的执行效果进行统计与评估，以展示学校有能力回应并落实认证机构提出的可行性建议。北京王府学校在接受 WASC 认证的过程中，根据 WASC 标准进行了一次全面的自我评估和改进，并且组建了 WASC 自学核心小组（WASC Self-Study Focus Groups），开展了多场培训。这一环节持续两年后，向 WASC 提交了自评报告。

最后，考察团依据自评报告对学校进行实地访问，并向认证委员会提交考察报告。认证考察团将按照工作手册要求，依据认证标准对照学校自评报告、学校的使命、目标愿景对学校展开为期 3–7 天不等的入校实地访问。考察团成员将深入课堂，与学生、家长、学校工作人员和董事会成员面谈，检查学校各方面的工作，重点关注教育质量和自我评价报告中学校未来发展规划的落实情况。认证访问结束后，认证考察团要撰写同行评价报告，全面核实自我评价报告的内容，考察学校未来发展的可持续性，肯定其成绩，并提出改进建议。同行评价报告初稿在征求学校或学院校长对事实阐述准确性的意见和建议后，由考察团进行合理修改。

（4）认证结果客观公正、动态监测

国际学校认证机构的认证结果普遍较为公正，能够获得受评学校的认可。这主要体现在以下几个方面：第一，国际学校认证主旨在于学校自身发展，而不是评判学校是否达标或进行级别划分。认证工作的结果注重引导学校制定“学校发展规划”并实施，使每一次评估都成为学校进一步发展的基础和目标。故而评估认证结果多为“通过认证”“有条件通过认证”和“认证推迟”三种，并针对不同发展层次的学校，提出不同的发展建议。第二，认证机构秉承的“同行评议”原则保障了认证结果的客观性、专业性、公正性、科学性。认证结果通常是以机构中的认证委员会在认证考察团对学校进行实地考察之后出具的报告为基础。组成认证委员会和考察团的人员主要来自同行业，也有部分是国内大学学者或中小学校长等，他们都具有从事学校教育教学或者教育管理工作的背景和经验且精通英语。考察人员每年还要接受有关认证标准、程序、方法、技术等方面的培训。英国私立学校督导团的成员需要经过严格的选拔与培训，为保持团队的专业性和多样性，其成员均为来自不同领域的专家和骨干，在人员招募和筛选过程中，更加侧重内在素质，并且完全杜绝了任命和指派。入选的人员还需要接受来自私立学校团体中具有丰富认证经验的成员、英国教育标准局及相关机构工作者、教育界的课程专家等组成的培训师团队的培训。第三，学校能够对认证委员会做出的认证结果提出申述。

认证结果除了公正性之外，还具有时效性。国际化特色学校获得的认证结果并不是“一次定终身”的终结性评价活动，而是具有周期性、动态性和连续性的特点。国际学校认证机构的认证结果均具有一定时效性。认证结果一般在五至十年内具有认证效力，过期需要重新申请。MSA-CESS做出的认证有效期限均为七年，并要求获得认证的学校在后续的办学过程中严格执行审查标准，并逐年审查学校工作的年度计划。在认证后的第三年，学校需向 MSA-CESS 提交中期报告。如有突发情况或特殊需要，MSA-CESS 还会对学校进行特别考察。IBO 认证的学校会受到 IBO 持续的监管，以确认其始终能够提供符合 IB 全球水准的课程与教学，并且每五年需要通过一次 IBO 的再次评估审核过程。WASC 认证的学校需要每六年进行一次自我审查，并向 WASC 提交报告。每所获得英国私立学校督导团认证的学校需要每三年接受一次督导，以确定学校能够始终保持一定的水平和质量。

由此可见，国际学校认证机构授予的认证，是持续不断的自查、他查和改进的过程，体现了认证过程的长期性和复杂性。学校也必须具备长期不断改进的能力，才能通过认证展现出自身优质的办学质量。

2. 中国参与国际化特色学校认证的路径：从吸收借鉴到交融创新

（1）中国国际化特色学校办学质量愈发获得国际认证机构认可

根据顶思教育的最新统计，截至 2022 年 12 月，中国已有 196 所（不包含港澳台地区）国际化特色学校获得过国际认证机构的认证，占 1,378 所国际化特色学校的约 14.22%，比例较低。

从学校类型上看（见图 3.29），在获得认证的 196 所国际化特色学校中，国际化特色民办学校最多，共有 85 所，占比约 44%；另外有 81 所外籍人员子女学校获得了认证，占比约 41%；其他类型的国际化特色学校和公立学校国际课程项目获得国际认证的数量较少，分别仅有 18 所和 12 所。

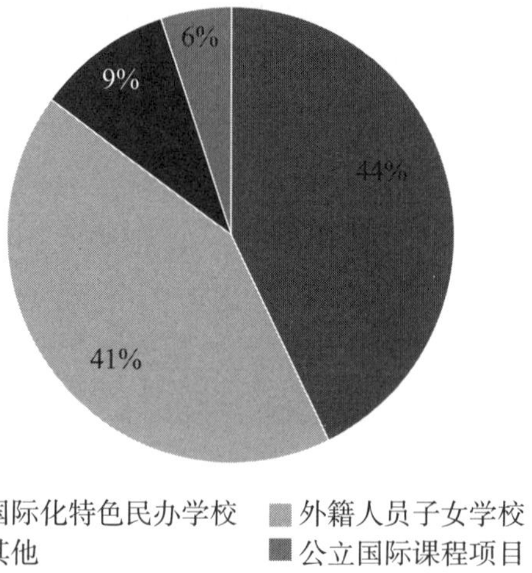

图 3.29　不同类型国际化特色学校认证学校比例

数据来源：认证机构官网发布信息，顶思教育整理

截至 2022 年 12 月，中国国际化特色学校共获得过来自 12 家国际专业认证机构和行业联盟的认证。其中，西部学校和学院协会（WASC）在中国国际化特色学校认证中所占的份额最多，已有 91 所学校获得过认证。位列第二名的是国际学校联盟（CIS）认证，共有 68 所学校获得该认证。另外，60 所国际化特色学校获得了中蒙国际学校协会（ACAMIS）的认证，54 所国际化特色学校获得过科尼亚（Cognia）的认证。

一线城市及经济发达地区获得国际认证机构认证的学校数量远超其他地区。上海市共有 37 所国际化特色学校获得国际认证，是全国获得国际认证学校数量最多的城市。北京市的数量与上海不相上下，共有 36 所。广东省以 38 所成为全国获得国际认证学校数量最多的省份。江苏省、浙江省、山东省获得认证学校的数量也在 10 所以上，分别为 18 所、13 所、10 所。以上地区获得认证学校的总和已占全国总数的 77%。除此之外，全国其他地区获得国际认证的学校数量较少，均不超过 5 所（见图 3.30）。

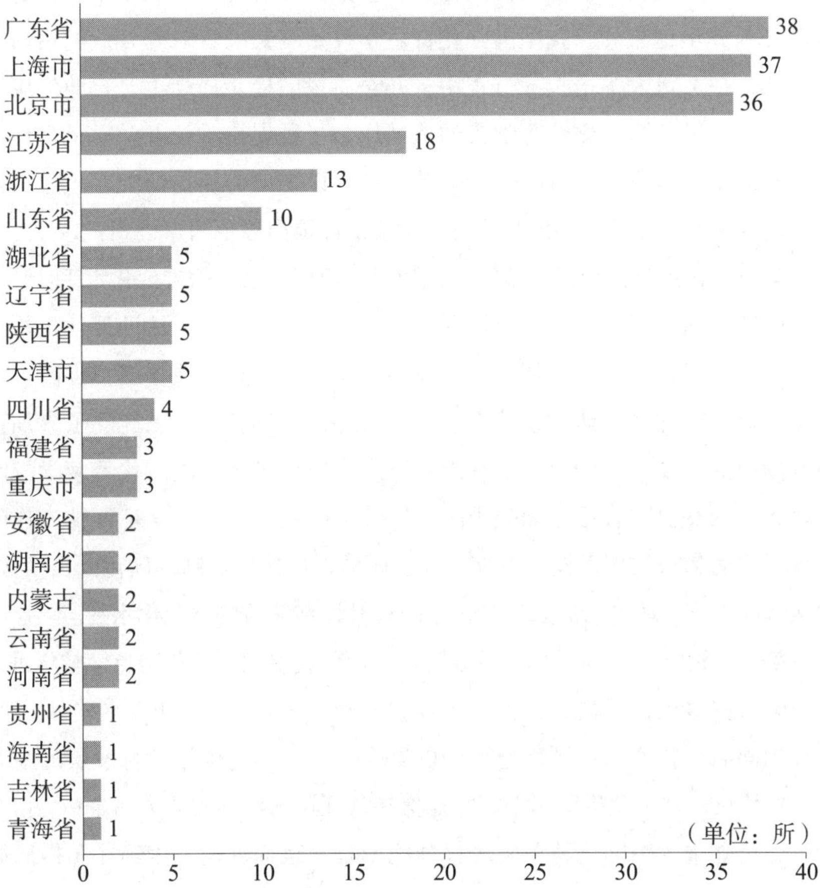

图 3.30　获得认证学校在各省市的分布情况

数据来源：认证机构官网发布信息、顶思教育数据库

3. 中国特色国际化特色学校认证管理体系的展望

近年来我国国际化特色学校发展速度较快，学校总数达到了 5.0% 的年复合增长率，但获得国际机构认证的学校总数占比较低。由此可见，我国国际化特色学校在数量增长的同时，为进一步提升质量，可以考虑采用能够帮助新增或建校不久的学校实现自我提升的认证形式，使其具备一定自我革新的能力，在未来能够逐渐参与世界权威机构的认证。

进入“十四五”时期，我国将进一步提升教育对外开放水平，优化教育对外开放全球布局。我国国际化特色学校始终是教育对外开放的窗口和排头兵，在数量大幅增长的过程中，办学质量的稳步提高也是行业健康发展的应有之义。国际化特色学校的认证作为一种促进学校办学质量良性提升的有效手段，应得到进一步的完善。基于以上的分析与研究，顶思教育针对建设具有中国特色的国际化特色学校认证提出以下两点设想：

第一，打造出色认证评估队伍，加强认证评估队伍的专业化水平。

认证评估工作是一项专业性强、技术含量高的工作。认证评估机构只有组建一只高素质的认证队伍，才能为提升认证工作的质量提供保障。国际化特色学校评估团队的组建具有“同行评议”的特点。因此除了参加世界范围内的行业联盟的交流活动外，还应积极促进国内国际化特色学校间从业人员的交流与合作，加强国际化特色学校从业人员对认证评估工作的认识，调动参与的积极性；应设立认证评估人员选拔机制，优化人员结构，加强认证工作的职前与职后培训，不断提升评估队伍的专业化水平。

第二，汇集多方理论与实践经验，逐步形成中国国际化特色学校标准。

国际权威认证机构认证标准的经验显示，只有在兼顾基础性与发展性标准的同时，积累认证评估过程中的真实数据，不断依据教育发展的新理念、新特点、新变化推陈出新，才能保持认证评估标准的活力与生命力。

要建立中国国际化特色学校标准绝不是一蹴而就的，也绝非照抄照搬国外的现成标准，或实行简单的相加，而是需要政府、学校、行业组织、第三方认证机构、高校、科研院所多方参与，积累认证评估的经验，吸纳优秀的办学案例。特别是在制定认证标准的过程中，要回答好如何在保持国际特色的同时将中国的核心价值观、理想信念观融入国际化特色学校的办学和学生的培养中，如何真正实现中西课程融合，培养出具有全球胜任力的学生等一系列有关国际化特色办学过程中的中西融合问题。另外，还要鼓励第三方认证机构积极与高等学校及科研院所合作，尝试设计具备理论性和实践性的认证标准，提升具有中国特色的认证标准参与国际学术交流与对话的实力。

第四章　全球胜任力概念模型与本土实践案例

随着全球化的纵深发展，不同国家和文化的关系日益密切，这有效地促进了世界经济的发展。但全球化在带来益处的同时，也让国际社会面临越来越多的挑战。新冠疫情也对世界经济、社会、政治和教育等多方面产生了影响。世界对全球治理的需求更为紧迫，全球化人才的重要性也更加凸显。在中国提倡推进构建人类命运共同体的大背景下，培养能够立足本国、参与全球治理的人才的需求日益迫切。

自 21 世纪以来，越来越多的国家开始重视本国青少年的全球视野和全球能力，重视培养适应未来社会需求的人才，希望以此增强本国的世界影响力，掌握国际主动权。2018 年，经济合作与发展组织（OECD）将“全球胜任力”纳入国际学生评估项目 PISA（Program for International Student Assessment）。此后，“全球胜任力”这一概念受到了更为广泛的关注。国际教育作为全球化时代的产物，在培养国际化人才方面具有天然优势。然而，在复杂且充满不确定性的环境中如何培养学生的全球胜任力，是当下国际化特色学校面临的重要课题。本章内容对全球胜任力的相关文献进行研究与梳理，对五所国际化特色学校展开调研，总结在当前背景下国际化特色学校对于“全球胜任力”内涵的理解、运用的实践方案及各自的教学特色，从而提供培养学生全球胜任力的优秀案例。

一、全球胜任力的概念框架

1．全球胜任力的概念源起与模型发展

（1）概念源起

“全球胜任力”（Global Competence），国内也有学者将其译为“全球素养”。该概念最早源起于二战后的美国[112]，1988年，美国国际教育协会（IIE）在《为全球胜任力而教》（Educating for Global Competence）报告中率先提出“全球胜任力”这一概念，将具有全球胜任力的人才描述为能够胜任国际事务，适应国内外的文化多样性，并有信心应对新时代的不确定性的人才，并强调要重视全球胜任力的培养[113]。该报告在国际教育界被称为“全球胜任力”的“大宪章”[114]。1993年，在第46届国际教育交流大会上，美国学者Richard D. Lambert首次从教育的角度将“全球胜任力”明确定义为包含知识（Knowledge）、移情（Empathy）、认可（Approval）、外语能力（Foreign Language Competence）以及任务表现（Task Performance）五大要素的模型[115]，构建了全球胜任力的初步框架。21世纪以来，全球胜任力的研究在世界范围有了蓬勃的发展，但学界对全球胜任力的概念框架并未达成共识，不同的组织和学者对全球胜任力做出了不同的界定并且构建了不同的概念模型。

（2）全球胜任力要素模型

美国理海大学的William D. Hunter等人通过实证研究将“全球胜任力”界定为在积极尝试了解他人的文化准则和期望的同时，能够保持开放的心态，

［112］刘晓光，曹敏妍．全球胜任力视角下中外合作办学项目评价——基于189个项目培养方案的内容分析［J］．江苏高教，2020（04）：55-59.

［113］American Council on Education. Educating for Global Competence：American’s Passport to the Future [EB/OL]. (1998) [2022-03-30]. http：//files. eric.ed.gov/fulltext/ED421940.pdf.

［114］杜洁，马蒙越．高校全球胜任力教育：愿景与使命、现状与路径［J］．四川戏剧，2021（11）：189-192.

［115］CIEE. Educational exchange and global competence［EB/OL］.（2014-11-10）［2022-03-30］．https：//files.eric.ed. gov/fulltext/ED368275.pdf.

利用所获得的知识在自己熟悉的环境之外能够与他人进行有效的互动、沟通和合作[116]。他们由此构建了全球胜任力的同心圆结构模型（见图 4.1）[117]。该模型分为三层，最内层是态度以及价值观层面的要素，包括保持开放的态度、认可他人以及承认差异、认可多样性以及对待差异非评判。第二层是知识层面的要素，即能够理解全球化和世界历史的相关知识，认识到社会、政治、历史、经济、环境和相关主题之间的联系。最外层是技能层面的要素，包括识别文化差异并参与全球竞争、跨文化合作、有效参与全球性的社会和商业事务以及具备评价跨文化参与的能力。该全球胜任力模型是一个三维要素模型，将全球胜任力分为态度、知识以及技能三个维度，这三个维度也被很多其他模型采用，如 Darla K. Deardorff 提出的金字塔模型以及 David Schejbal 等人提出全球胜任力模型。Deardorff 认为知识、技能和态度都属于个体的内部要素，个体最终是基于这些要素取得一些内部或者外部的成果，如在跨文化环境中能够举止得体，并进行有效沟通等[118]。Schejbal 等人提出的模型在强调理解多元文化的同时，还强调了对自身相关历史文化的理解与尊重，体现了全球性人才对其本土文化的重视[119]。

美国非营利教育组织 World Savvy 提出的全球胜任力能力矩阵模型虽然也将全球胜任力分为三个维度，但其要素是技能、价值观和行动。该组织将“全球胜任力”定义为让年轻人在更加多样化、相互关联的世界中茁壮成长所需的技能、价值观和行动[120]。在这个模型当中，掌握 21 世纪的数字技术也被列入了技能要素当中，这体现了数字化时代的新要求。

[116] Hunter W D. Knowledge, skills, attitudes, and experiences necessary to become globally competent [M]. Lehigh University, 2004. P.101.

[117] Hunter B, White G P, Godbey G C. What does it mean to be globally competent? [J]. Journal of Studies in International education, 2006, 10(3): 267–285.

[118] Deardorff D K. Identification and assessment of Intercultural competence as a student outcome of internationalization [J]. Journal of Studies in International Education，2006（3）: 241–2.

[119] Schejbal D, Irvine G. Global Competencies, Liberal Studies, and the Needs of Employers [J]. Continuing Higher Education Review, 2009, 73: 125–142.

[120] World Savvy. What is Global Competence?[EB/OL]. [2022–04–01]. https://www.worldsavvy.org/our-approach/global-competence/.

图 4.1　Hunter 全球胜任力同心圆结构模型

（3）强调实践的全球胜任力模型

美国州首席中小学教育官员理事会及美国亚洲协会在 2011 年发布的《全球素养教育：为我们的年轻人融入世界做好准备》（Educating for Global Competence: Preparing Our Youth to Engage the World），报告中，将“全球胜任力”定义为理解和处理全球性问题的能力和意愿，包含调查外部世界、认可他人及自己的观点、与不同受众有效交流想法、采取行动改善现实这四个方面[121]。这一框架相比要素模型更为强调实践，关注具备全球胜任力的个体的行动能力。

（4）兼顾行动与要素的 PISA 全球胜任力模型

OECD 在对全球胜任力进行了全面的研究之后，提出了 PISA 全球胜任力模型（见图 4.2）。OECD 将“全球胜任力”定义为一个多维的、终身的学习目标。具有全球胜任力的个体可以分析当地、全球和跨文化的问题，

[121] Mansilla V B, Jackson A. Educating for Global Competence: Preparing Our Youth to Engage the World [J]. Council of Chief State School Officers: Edsteps Initiative and Asia Society Partnership for Global Learning (CCSSO), 2012, 21(3).

理解和欣赏他人的观点和世界观，与不同文化背景的人进行开放、有效、得体的互动，并为集体福祉和可持续发展采取负责任的行动。这个定义包含了四个行动维度，要实现这些行动则需要知识、技能、态度、价值观四个要素的支持。知识是关于世界和其他文化的知识，技能是理解世界并采取行动的技能，态度是指开放的态度，及对不同文化背景的人的尊重以及全球化的思维方式，价值观是对人类尊严和多元性的价值认同[122]。PISA 全球胜任力模型在内容上涵盖了之前的模型，同时还融合了联合国发布的可持续发展的目标，明确将集体福祉和可持续发展作为全球胜任力的组成部分。

图 4.2 PISA 全球胜任力模型

2. 全球胜任力概念模型的本土化发展

我国对全球胜任力的研究起步较晚，有关全球胜任力概念框架的创新研究较少，主要集中于对国外学者研究的引介以及对 PISA 全球胜任力测试

[122] OECD. PISA 2018 Assessment and Analytical Framework [EB/OL]. (2019-04-26) [2022-04-01]. https: //www.oecd-ilibrary.org/education/pisa-2018-assessment-and-analytical-framework_b25efab8-en.

的评述。但近年我国对该课题的研究步伐加快，逐步搭建起了适应我国本土的全球胜任力模型。

清华大学是我国首个将全球胜任力纳入学生培养目标的高校，在其2016年制定的《清华大学全球战略》中，“全球胜任力”被定义为“在国际与多元文化环境中有效学习、工作和与人相处的能力”[123]。清华大学的全球胜任力模型主要分为认知、个人和人际三个层面，及六个核心素养：世界文化与全球议题、语言、开放与尊重、沟通与协作、自觉与自信、道德与责任（见图4.3）。清华大学构建的全球胜任力模型在借鉴国外概念框架的同时，还加入了个人层面的道德与责任、自觉与自信，如为人诚信，遵守社会和职业道德，通过不断自我反省与审视提升自我等方面。这些要素都体现出中国文化的特色。

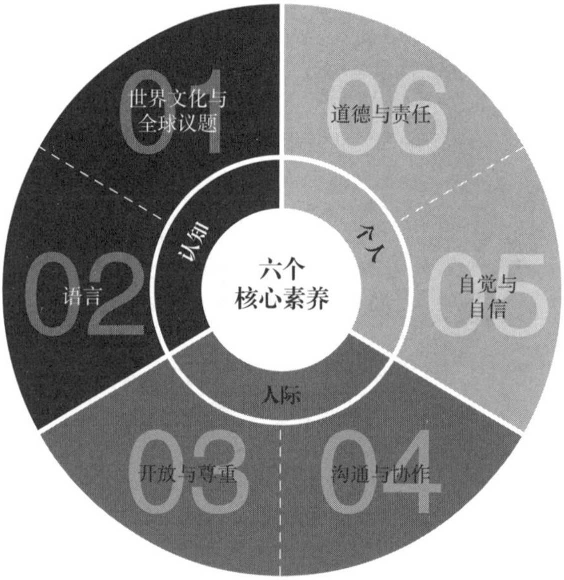

图4.3　清华大学全球胜任力模型

此外，我国还有一些学者也对构建全球胜任力模型做出了探索，如刘

[123] 清华大学国际教育. 全球胜任力 [EB/OL]. [2022-04-01]. http://goglobal.tsinghua.edu.cn/cn/competence.

扬和孔繁盛在 Hunter 模型的基础上增加了“经验”这一维度[124]；周小勇认为全球胜任力是包含了知识、技能、态度和价值观、行动等若干要素的多元框架，但不是这些要素的简单叠加，而是存在逐步递升的层级关系[125]。

从以上对全球胜任力概念框架的梳理可以看出，尽管现在对全球胜任力的模型并没有达成统一，但这些已经提出的模型都包含着一些共同的基本要素，如跨文化理解、尊重、开放、全球问题解决等等。我国本土化的全球胜任力模型在结合国情的基础上，发展了国际全球胜任力模型，其适用效果值得进一步结合实证研究展开探讨。

二、全球胜任力培养的国际测评框架及本土实践

1. 经济合作与发展组织与全球胜任力测评

近年来，随着全球化的不断推进，教育逐渐成为国际交流中的重要内容，OECD 在全球胜任力的国际比较与测评中发挥着重要的推动作用。2014 年，OECD 就开始组建专家团队推动全球胜任力的国际测评，2017 年 12 月，OECD 与哈佛大学教育研究院共同发布《PISA 全球胜任力框架：让我们的青年为一个包容和可持续的世界做好准备》（The OECD PISA Global Competence Framework: Preparing Our Youth for an Inclusive and Sustainable World），对全球胜任力的内涵及其测评设计进行了说明，即“个体能够体察本土、全球和跨文化问题，理解并欣赏他人的观点和世界观，与来自不同文化背景下的人进行既相互尊重又有效的互动，并为集体福祉和可持续发展采取负责任的行动”[126]。

OECD 推广多年的 PISA 已经成为世界上颇具影响力的学生评估项目。2018 年该项目在原有的阅读、数学与科学能力测评基础上新增了全球胜任

[124] 刘扬，孔繁盛．大学生全球素养：结构、影响因素及评价［J］．现代教育管理，2018（1）：67–71.

[125] 周小勇．全球化时代呼唤全球素养教育［J］．全球教育展望，2017（9）：25–36.

[126] OECD. The OECD PISA Global Competence Framework: Preparing Our Youth for an Inclusive and Sustainable World. [EB/OL]. (2018) [2023-08-15]. https://www.oecd.org/education/global-competency-for-an-inclusive-world.pdf.

力的评估项目。2022年2月，OECD召开了2022年全球胜任力论坛，首次发布了国际学生评估项目PISA的最新研究报告《大局思维：如何为相互关联的世界教育培养“全人”——原则与实践》（Big Picture Thinking: How to Educate the Whole Person for an Interconnected World—Principles and Practices），对参与评估的国家与地区的学生的全球胜任力测评结果进行分析。该报告表明，一些学科成绩优秀的学生在全球胜任力测试中的表现并不尽如人意，而一些全球胜任力表现好的学生也可能在学科测试中遇到困难，全球胜任力并非学科学习的附属物，需要专门的关注和培养[127]。

2．全球胜任力培养的本土实践情况

随着中国参与全球化进程加深，国内教育领域越来越意识到培养学生全球胜任力的重要性。北京师范大学国际与比较教育研究院的滕珺教授将培养学生的全球胜任力视为“中国教育未来必然的趋势”[128]。

首先是在高等教育层面，清华大学是国内第一所将全球胜任力培养纳入学生培养目标的高校，在其2016年制定的《清华大学全球战略》中的九大战略方向中，第一条就是将“全球胜任力作为人才培养的核心目标之一，融入学校教育体系”[129]。清华大学开展了一系列的交换项目、学术研究、国际会议、国际竞赛、文化交流以及论坛讲座等活动，同时还成立了全球胜任力发展中心工作坊，旨在通过情景模拟、案例讨论、游戏、电影等互动性更强的方式，让全体师生深入参与，提升全球胜任力。对清华大学—西点军校全球胜任力培养双向交流项目[130]和对清华—伯克利深圳学院在国际化背景下联合办学的相关研究也证实了清华大学的实践是卓有成效的[131]。

除了对清华大学的实践研究，一些学者还对其他高校的实践活动进行了研究，如浙江大学中国科教战略研究院工程教育研究所副所长姚威等学

[127] 同[126].

[128] 滕珺. 培养学生“全球胜任力”，怎么看？怎么办？[J]. 上海教育，2016（29）：48-51.

[129] 荟中西鸿儒集四方俊秀清华大学实施全球战略[J]. 国际人才交流，2018（05）：51-53.

[130] 房雯，钟周，张传杰，邓宇. 清华大学—西点军校全球胜任力培养双向交流项目的经验与启示[J]. 黑龙江高教研究，2018，36（12）：22-26.

[131] 宋岩，李敏辉. 学术型研究生全球胜任力的培养模式：以清华－伯克利深圳学院为例[J]. 清华大学教育研究，2020，41（06）：106-113.

者通过五个典型案例提炼出研究型大学本科生全球胜任力培养模式的五种关键要素，进而明确了培养模式的概念模型和运行机制[132]。张荣祥在多案例研究中发现海外实践共同体模式能有效促进研究型大学本科生全球胜任力的培养，且在中国文化背景下，全球胜任力培养的基本流程还应增加对出国学生行前教育培训环节[133]。这些研究为研究型大学的本科生全球胜任力培养提供了参考。

在基础教育阶段，研究学者和一线教师都对学生全球胜任力的培养做出了积极探索。王鑫鹏等学者探究高中地理教学中学生全球胜任力的培养，构建了包括全球环境问题、全球发展问题、国际合作与国家安全四个要素的全球胜任力培养内容体系，并基于南京师范大学基础教育研究中心主持研发的中学地理教育定制化在线课程教学系统，通过混合式教学实践活动验证了其可行性[134]。北京教育学院干部培训学院胡佳怡副教授则通过实证研究，以全球胜任力的视角分析了在主题式课程中小学生所表现出的全球胜任力不足，并提出了相应建议[135]。在哈佛大学教育研究生院和北京师范大学国际与比较教育研究院的一项研究中，中外知名学者团队还挖掘出全球胜任力培养在课堂实践中的多种样态，如通过以物喻人的案例引导学生理解个人美德与世界的关系以及鼓励学生直接写下自己的想法并勇敢与人交流，引导学生学会在差异中倾听与沟通[136]。

通过对已有文献的梳理可以看出，我国目前全球胜任力培养的研究较少，全球胜任力培养的实践目前仍处于起步阶段，更偏重于高等教育阶段学生全球胜任力的培养。以清华大学为代表的高校已经初步形成了一定的培养及评价模式，但在高等教育阶段的全球胜任力培养仍不普遍，全球胜任力的理念在基础教育阶段实践落实不够，缺乏相关课程体系，在日常教

[132] 姚威，储昭卫．新全球化背景下研究型大学本科生全球胜任力培养模式构建——基于内容分析法的多案例研究［J］．教育发展研究，2021，41（23）：21–29.

[133] 张荣祥．以海外实践共同体模式提升研究生全球胜任力——基于浙江大学“致远”研究生海外社会实践计划的多案例研究［J］．思想教育研究，2020（09）：148–151.

[134] 王鑫鹏，朱雪梅，程懋鋆．在高中地理教学中培养学生全球胜任力的探索［J］．天津师范大学学报（基础教育版），2021，22（03）：85–90.

[135] 胡佳怡．观摩小学主题式课程观察小学生“全球胜任力”［J］．中小学管理，2018（08）：37–40.

[136] 滕珺等．全球胜任力在中国学校的新内涵及其实践［J］．比较教育学报，2022（04）：74–85.

学中融入全球胜任力培养普遍处于探索阶段。

同时，通过梳理相关文献可知，现有研究缺少对教师全球胜任力培养的研究以及指导教师如何将全球胜任力培养纳入教学过程的培训。教师作为日常教学的实际操作者，在学生的全球胜任力培养过程中极为重要，因此如何加强对教师的相关培训应该受到关注。

基于以上，现阶段国内对于全球胜任力的评估及评价机制仍有待完善。通过实地学校调研，开展循证研究并构建和完善具有中国特色的全球胜任力框架与评价机制具有重要意义。

三、全球胜任力的内涵理解与本土实践：基于国际化特色学校的案例研究

1．全球胜任力培养学校案例

基于对现有研究文献的梳理，本章主题调研组通过随机抽样，对全国五所具有代表性的国际化特色学校校领导团队进行深入访谈，并对学校相关材料进行梳理整合，从全球胜任力在学校办学理念中的体现以及课程实践两方面，形成了以学校为单位的全球胜任力培养学校案例（学校排名不分先后）。

（1）北京市新府学外国语学校

学校背景简介

北京市新府学外国语学校（简称“新府学”）为璞理教育集团旗下北京旗舰学校，由璞理教育集团和顺天府学教育集团共同经营管理，是一所具有招收中、外籍学生资格的全日制寄宿兼走读的双语特色国际化学校。新府学致力于打造沉浸式语言学习环境，中外教师与学生一起学习生活，多元化的师生组合为孩子们营造充满活力的校园氛围。该校坚持以“明德至善，中西通才”为育人标准，以培养九大核心素养为指导思想，旨在培养通晓东西文化精髓、身心健康、具有创造性思维及社会责任感的世界公民。该校的课程体系由三个核心框架构成，即学术培养体系、实践和综合能力

培养体系、多元化活动体系。另外，在国际化课程的教学中，重视“学生为中心”的课程形态。学校通过分层教学、自选课程、社团活动等形式，鼓励学生自主选择、自主学习、自主创新，逐步养成学生的“内驱力”。在多年的教学实践中，新府学建立起了能够从设置课程架构、编写教材到教学实施、进行评价审核、确保目标落实的中外师资团队。

办学理念与全球胜任力培养

新府学十分重视培养学生在“非本土、非母语、非原生文化环境”中的适应能力。学校以培养学生终身学习意识和能力为目标，以开放的教育方法帮助学生建立理解世界、认识世界、和他人平等交流的能力，这也正体现出学校将学生全球胜任力的培养与学校办学理念融合。

> “我们希望培养学生成为终身的学习者，我们希望老师与学生都能够自主学习、不断学习。不能仅仅局限于某一个学科，而是要进行跨学科的学习，具有全球化的视野，能进行探究式的学习。这就是我们需要学生所具备的，这些能力也是我们对老师的要求。”（北京市新府学外国语学校，姚宇堃副校长）

学校对于国际化人才的培养以“具备在多个文化场景下的适应能力”为目标，并认为培养强适应性的全球胜任力应当从探究分析、理解他人、交流互动以及采取行动四个方面来进行。具体来说，学生应当具有识别信息、分析信息、认识差异以及连接证据的能力。这体现了学校办学理念中对全球胜任力在知识维度的重视。在识别和分析差异的基础上，学校希望学生具备理解差异的能力，只有理解差异，才有畅通交流的可能性。全球胜任力还体现在采取行动解决问题的能力，这基于对行动可能产生的结果进行评估与权衡。

全球胜任力培养的特色实践

学校着力将全球胜任力培养融入课程的底层逻辑和课程设计的每个环节，实现对学生全方位融合式的培养。学校注重学生的真实体验，引导学生深入理解客观世界规律。例如，学校在人文社科经济课程中设置体验课程，让学生体验客观经济规律。具体举例来说，教师设计游戏性场景，让学生通过完成特定任务积累材料，然后彼此进行“交易”，在游戏过程中体验社会分工的形成，理解经济运行的规律。此外，学校还会通过让学生分组扮演不同政治制度下的不同群体，帮助学生理解和评价真实历史事件和国家的发展历程。

同时，数学科目也是该校培养学生全球胜任力的课程融合实践阵地之一。学校将数学作为一门“语言”，结合对当下国际议题的分析与讨论，实现对学生相关能力的培养。具体来讲，将数学视为一种“语言”工具，在非母语与非原生环境下能够用其进行跨国界的沟通与交流，并以此培养学生相互理解和分析探究的能力。例如，在探究和讨论疾病与治疗等现实性问题时，数学可以作为一种相对中立的“语言”来解释现象，并有助于理解决策，这是提升学生对多元文化的理解与包容度、学习尊重他人及有效沟通的高效教学实践。

> “我们虽然有时候经常去说生命的价值无法衡量，但是面对实际问题，我们必须去衡量它，用数据化的这种角度可能更容易去理解它。这个时候我们使用的就是数学语言。我们实际上在培养孩子用数学语言去阐述事情、解释现象的能力，这也是我们对于全球胜任力培养的一个重要的主线。”（北京市新府学外国语学校，姚宇堃副校长）

此外，国际文凭中学项目（IBMYP）课程体系的确认与实施是学校培养学生全球胜任力的另一个有效探索。校领导团队表示，IBMYP 课程的“面向世界、面向未来”的国际化理念在该校的课程实施过程中会得到充分体现，以达到培养学生全球胜任力的目标。结合 IBMYP 课程体系，学校开设社区课程，与学科化的学术性内容有机结合，重视实践性和学生行动力的培养，以螺旋上升式的课程设计综合培养学生各方面能力。课程要求所有学科组在教学单元中贯彻全球背景，让学生在学习过程中落实探究、分析、实践与反思的能力，培养学生在全球背景下关注真实需求的意识、综合运用跨学科知识的能力，以及为了满足需求而进行探索分析与实践的能力。

“我们的课程设计是螺旋上升式的。比如六年级，学生会有一个关于建筑简单结构的实践任务，要求学生们搭建桥梁，这就需要学生调动数学、物理甚至人文的相关学科知识的能力。到了七年级，学生们要建造的是摩天大楼，同样是建筑结构主题（但难度提升），学生需要进一步延伸自己学到的内容。再比如，学生在七年级需要完成设计产品的活动。设计好产品后要想办法进行售卖。这就需要学生给自己的产品设计配套的商业方案，需要拍摄静态广告（如照片等）。而到了八年级，活动就变成需要拍摄商业广告短片。我们在课程设计上有一个逐渐递进的过程。这些课题在六至八年级是老师帮学生设置的，而到了九至十年级就不是老师定题了，学生要自己去选择他们所关注的全球背景下的真实需求，探究和选择自己所关注的主题，进一步去探究、分析和行动。这样的课程既能够递进式地综合培养学生的全球胜任力，又可以和学科化的学术性内容形成一个有机的结合。”（北京市新府学外国语学校，姚宇堃副校长）

学校注重培养“在视角上向学生看齐，在能力上向上看齐”的教师。校领导团队认为，教师首先应具备过硬的专业知识与终身学习的能力，才能赢得学生的尊重。此外，教师还需要充分了解学生，采用开放的教学方法，让学生自己体会、分析和沟通，帮助学生发展认识世界、理解世界、与他人平等交流的能力。基于时代的不确定性，教师必须走在时代的前列，对时代的特征有全面的理解。学校充分给予教师自主权，调动教师参与课程设计的积极性，培养教师全球胜任力的专业知识。

“我们很多课程都是老师自己提出的。包括我刚才提到的一些设计类的课程。老师可以提出课程需求，包括需要采购的材料。

老师自己来设计完善（课程），基于整体的框架，老师在这个大框架下进一步具体填充并完善落实。只有这样才能够调动老师对于自身成长、关注学生实际需求的积极性。”（北京市新府学外国语学校，姚宇堃副校长）

与此同时，学校构建“全球胜任力矩阵”帮助教师理解全球胜任力，为教师赋能。在探究分析、理解他人、交流互动以及采取行动等能力维度的基础上，构建“批判—调和—亲和”的三维立体纬度工具，帮助教师深入理解“多元性”。此外，学校还会通过举办常规性的“跨学科”及“超学科”主题的教研及分享活动帮助教师更好地培养学生的全球胜任力。

总的来说，学校高度关注学生需求，培养学生内驱力，力争为每一位学生找到适合的发展路径。不同家庭环境、学习经历以及生活经历决定了每一位学生都是完全不同的个体，因此，学校致力于提供更加个性化和具有针对性的培养。学校鼓励每一位教师与学生多交流，为学生创造机会和更多体验的空间，自内而外激发学生的主动性。

“我们希望帮助学生去发展认识世界、理解世界、与他人平等交流的能力。我们需要在课堂上保持一个开放、批判性的讨论环境，需要老师明白不能单方面给出一个标准答案，不能用灌输的方式教授，不论是（对待）我们的传统文化，还是其他内容都是如此。我们希望的是让孩子自己去体验、去分析、去沟通，让他们用自己掌握的工具在实践中得到答案，我们认为这样是更有意义的。”（北京市新府学外国语学校，姚宇堃副校长）

（2）北外附属苏州湾外国语学校

学校背景简介

北外附属苏州湾外国语学校（简称“湾外”），是一所由江苏省苏州市吴江区人民政府、北京外国语大学、江苏天吴集团合作创办的全日制国际化学校，集幼儿园、小学部、初中部、高中部、国际部为一体，是北京外国语大学 PASS 留学基地、外语特色示范学校，是长三角国际化教育的标杆。学校秉持着“Come Here, Go Further（来这里，走更远）”的理念，结合中西方教育的优势，以世界各国文化之精髓以及当代科学技术之成就来培养身心健康、学业优秀、气质高雅并具有民族根基、世界眼光的人才。该校的课程由 IGCSE 课程和 A Level 课程构成，IGCSE 课程包括核心课程（数学、英语、物理、化学、中文、体育、地理和计算机）和选修课程（经济学、生物、音乐）。A Level 课程是学生在 11 年级后可依据自身的兴趣设计的个性化课程。目前，该校师资队伍力量雄厚，包括一大批特级教师、学科带头人、省市优质课获奖者、国内外优秀的毕业生等。

办学理念与全球胜任力培养

湾外对全球胜任力的理解和实施主要体现在对学生跨文化交际能力的培养，包括知识、语言、技能、文化批判性思维四个方面。学校相应制定了不同的培养方案和课程体系。在知识方面，学校专门开设一系列的阅读课程，目的是为了让学生在阅读分享的过程中能够习得不同文化知识。语言学习方面，学校开设二外课程，包括日语、德语、法语和西班牙语等。在技能培养方面，开设学术课程，例如邀请校友进行学习分享，邀请戏剧大师、歌德学院的老师等专业人士通过互联网在线上分享。在文化批判性思维方面，学校基于现有课程体系进行校本化课程研发，从课程逻辑角度出发设计课程内容，建立学生的文化自信，培养学生的国际化思维。

> “我们对学生跨文化交际能力的培养包括四个方面：第一，知识。就是对对方的文化有没有了解。第二，语言。比如说要去了解某个国家，对于这个国家的语言有没有掌握，能不能够去交流。第三，技能。这涉及软实力，比如说沟通能力、人际交往能力。第四，文化批判性思维。在了解了对方的文化以及自己国家的文化之后，学生对于对方的文化会产生什么样的理解，比如说（在这个过程中学会）可以不接受对方的文化，但是要尊重（不同的文化）。”（北外附属苏州湾外国语学校，钱春梅校长）

全球胜任力培养的特色实践

学校依托北京外国语大学的有利资源优势，开设外语类课程，在初中阶段开展德、法、西、日四门二外课程。学校也对语文科目进行校本化拆分，在低年级学段的一周八节课中，有四节会用于完成国标语文的学习，剩余的四节会分配给国学、演讲、写作和绘本阅读。

在非学科教学课程方面，湾外设计了包括“音体美”等学科的“德善课程”，通过“体育嘉年华”“外交官进校园”等主题设计，培养学生多元发展。同时学校十分注重传统文化课程建设，设有专门的中国传统文化中心，开设如棋艺、刺绣、古筝、扇艺等课程，通过多样化的传统文化教育方式和良好的活动设计，让学生能更深入地了解中国传统文化。

> “关于一些特色化办学课程，我们学校会把‘音体美’课程统称为‘德善课程’。那么我们的德善课程实际上是属于非学科教学的内容，帮助学生全面发展。设计德善课程的主要目的是为了培养我们学生的领导力、协作力、学习力、创新力、沟通交流的能力等。不是每一次都会完全以跨文化作为背景，但是有重叠和交叉的部分。比如说像我们每年的体育嘉年华，今年的主题是‘强国有我，请党放心’，这个是有关文化自信的培养，前年的主题是‘万国游’，这个主题的设计就是涉及跨文化的部分；再比如说我们的辩论联赛是用英语进行。”（北外附属苏州湾外国语学校，钱春梅校长）

同时，学校充分发挥固定合作的第三方学校和姊妹院校的作用，借助相对成熟的线上双边交流交换课程，培养学生的跨文化交际能力及国际视野。

> “我们从幼儿园开始培养学生的英语能力和跨文化交际的软实力，整体过程一直浸润在各个课程中。从小学五年级到高中阶段，学生每年暑假、寒假都会前往德国、法国、西班牙、日本进行游

学。学生在当地进行浸润式的生活，了解当地的文化习俗，融入当地社会生活，同时也提升个人的语言能力。除此之外，我们还和位于英国、日本、法国等国的学校签订姊妹校合作协议，师生定期开展交流互访、教学教研等活动。”（北外附属苏州湾外国语学校，钱春梅校长）

结合以上分析不难看出，湾外充分结合自身资源优势，借助各方能量，致力于研发特色课程，关注教师能力发展，浸润式地培养学生在知识、技能、思维等方面的全球胜任力。同时，学校也十分重视培养学生的中华传统文化底蕴，建立学生的文化自信，为社会培养符合时代要求的综合型人才。

（3）杭州绿城育华学校

学校背景简介

杭州绿城育华学校是一所以优良的校风、学风、超一流环境著称的浙江省知名中学。学校以“仁爱求真”为校训，以培养“具有理性精神、健全人格、深厚文化素养和高度责任意识的公民”为己任，坚持“优质化、科研化、国际化、特色化、现代型”的办学方向和“中外兼容，多元发展”的办学特色。在课程设置方面，除了语、数、英、物、化、生、政、史、地等，还增加了两门必修课——劳动课和综合实践课程。2018 年，学校开设了第二外语校本选修课，包括德语、日语、法语和西班牙语等课程。经过近年来的探索与实践，学校已形成了自己的课程特色。另外，学校拥有一支年轻的高素质的中外教师团队，教师们有经验、有精力、有爱心、乐奉献。其中，专任教师获得市级以上荣誉的人数达到三分之二，且平均服务年限为 15 年。

办学理念与全球胜任力培养

杭州绿城育华学校秉持“以学生为本”的理念，致力于学生的健康发展并于实际教学活动中践行该指导思想。学校坚持培养“具有理性精神、健全人格、深厚文化素养和高度责任意识的公民”，关注学生的自主学习、策划、沟通的能力，致力于培养能够适应当代社会的全球公民。

"从价值导向的角度来讲，我们始终倡导的是以学生为本，比如说很多时候我们在判定一件事情做还是不做的时候，我们首先看这件事情做了以后对学生会产生什么样的影响，这是我们在与教学管理者或者与老师沟通的时候问得最多的问题，这是我们的一个落脚点。"（杭州绿城育华学校，孙卓人副校长）

学校对学生的关注也体现在具体的教学实践过程中，例如学生可自发组织项目活动，制定计划并与校长或校领导沟通以获得学校的相关支持。

"我们非常注重学生自主学习能力的培养，比如说我们前几年经常提倡的就是学生自己有想法，学生可以和我们的管理层领导去交流沟通。我们倡导学生组织各种各样的活动，并由学生自主主导这样的活动。学生想得到学校的支持，必须要有自己的计划，找校长进行沟通。这个过程中就是在培养学生有自己的观点，包括与我们沟通的能力。比如有一次，一个学生说希望组织全校的羽毛球比赛，我说这是好事，那你要有非常合理细化的安排，你要计算经费预算是多少等等。我们用这种方式，以小的项目去培养学生的自主学习能力。"（杭州绿城育华学校，孙卓人副校长）

全球胜任力培养的特色实践

学校对学生的全球胜任力的培养主要围绕外语能力、包容的态度、本土文化认同三个方面。语言作为工具，是有效沟通的知识基础，学生通过外语的习得，进一步去了解和认识不同的文化，并以一种包容的态度和足够的文化自信，尊重和认同多元文化中的差异和共性，达到有效的沟通和解决问题的最终目的。

"我们更看重的，一是学生的外语能力，也就是说，如何让学生通过语言这种工具，包括英语、德语、法语、西班牙语等去了解和认识这个世界的各种多元文化。第二更多的是一种包容（的态度），或者说一种思维（方式），国际化能力是对多元文化的一种认同，并能够包容和尊重异域文化，具备这个能力的人才是国际化人才。第三，从国际化人才角度来讲，更重要的是对本土文化的认同，或者是对自己身份的认同，我觉得这在前两者基础上是最重要的。”（杭州绿城育华学校，孙卓人副校长）

学校以课程开发与实施作为培养学生的核心重点，通过重视语言文化课程、开发多语种跨文化课程、充分利用体育等“国际通用语言”，以及吸纳优秀课程元素等方式实现对学生全球胜任力的培养。

“从这些课程具体实施的角度来讲，我觉得第一当然是语文和文学。我们要让学生对中国文化有基本的认同或者说基本的认识，那首先是要强化自己本国语言。第二是外语及外国文化的学习。学校开设了多门外语，除了英语以外还有日语、德语、西班牙语、法语等。通过外语学习，不仅仅让学生能讲这门语言，还打开了世界和文化的一个窗口，让学生能够对多元文化更包容。第三是体育和艺术课程。体育无国界、艺术无国界，本身就是一种世界语言。如何通过体育、艺术课程来让学生融入世界、融入全球生活，这对全球胜任力的培养发挥有很重要的作用。最后我们也开设了一些例如PLP（个人学习计划课程 Personal Learning Plan），借鉴了澳大利亚的一所友好学校研发的一套国际化课程，再如IB项目以及ATL（学习方法课程 Approach to Learning）等。学生要能够真正地做好一个自主学习者，对个人学习计划的设定和自主学习能力的培养是比较重要的。”（杭州绿城育华学校，孙卓人副校长）

同时，学校领导团队认为在培养学生全球胜任力的过程中，对教师队伍的支持与培养也至关重要。校方认为，基于学生的培养目标学校需为教师设立相应的能力标准。因此，教师的全球胜任力也尤为重要。学校重视多元化教师团队建设，营造共同参与的教研氛围，力求让来自不同文化背景的教师认同学校愿景与办学理念，达成统一的目标，建设团队认同感与归属感，激发教师自身的内驱力，形成合力。同时，学校也积极创造机会和提供资金支持，为教师提供专业的学习提升机会，并带领教师观摩和体验国际化的教育方式和先进的教学方法，培养教师的国际化视野。

整体来说，学校围绕以人为本的理念，通过优化课程建设与教师专业能力的培养，在理念上形成合力，努力营造国际化的学习氛围与环境，并在日常教学中以“言传身教”和“润物细无声”的方式培养学生的国际视野与各项能力，达成培养国际化人才的目标。

（4）上海宏润博源学校

学校背景简介

上海宏润博源学校是由宏润建设集团与播文教育创办的国际学校，获得美国著名教育机构格里格斯学院（Griggs International Academy）在上海的独家授权。该校为处于非义务教育阶段、为有意向出国接受高等教育的学生提供双语或全英文的大学预备课程（包括 AP 课程）。学校坚持“用百年建筑之精神，创百年之教育”的美好愿景，始终以“培养有中国情怀的世界人，有世界胸怀的中国人”为使命，遵循“知识 · 社区 · 创造力”的办学理念。在课程设置方面，所有课程均用英文授课，打造以学生为中心的教学环境。除了常规的近百门高中和 AP 课程外，学校还为有音乐、艺术情怀以及热爱运动的学生准备了音乐、艺术、网球、赛艇、高尔夫等“双优”课程，让学生获得专业的艺术指导和高水平的运动训练。学校还鼓励学生与当地和国际社区之间建立联系，积极参与社区服务，建立和发展有价值、有意义的连接。目前，学校拥有一支高素质的教师团队，教学经验丰富。

办学理念与全球胜任力培养

学校将以“知识 · 社区 · 创造力”为导向的办学理念与全球胜任力的素养培养目标相结合，致力于在本土社区环境中培养出能够在不同环境中胜任并发挥自身作用，能够为社区和国家做出贡献，并能够进一步解决全球性问题的优秀人才。学校领导认为，真正的全球性是个体既可以在本地社区以及不同的地区发挥自身作用，同时又可以对全球议题表达关注，而对本地议题的交流和分析是培养全球胜任力的重要途径。学校对全球胜任力的理解和实施，突破了“全球”地理叙事的框架，以去标签化的实践路径将全球胜任力的培养融入课程设置和学生的实际生活中。

> “全球胜任力更加强调的是在多变的世界里，面对未来的不确定，在任何的地方都能够去胜任、去发挥作用，对你所处的环境、所处的社区，你的周围、你的国家都能做出贡献。”（上海宏润博源学校，陈文国校长）

学校注重培养学生的问题意识、协同合作等全球胜任力中的关键能力，包括洞察力、责任感、自信力、沟通能力和创新意识等；希望学生在解决实际问题的过程中实现自身能力的提升，形成多样化的实践经历，从而更好地应对未来多变的环境。

> “我们希望孩子们养成一种不断探索、不怕失败的精神，希望孩子能够清楚探索过程中存在的问题，分析过程中哪个步骤可能是有问题的，或者哪一个设计是有问题的，并不断去改善、不断去探索。何为创新？对于我们的学生而言，创新实际上很简单，并不一定是像科学家那样发明创造，也可以是在日常生活中去观察一些细微的东西，在熟悉的环境里发现别人没有发现的问题，并想方设法加以解决。在这个过程中，学生就要用到自己所学的知识并积极寻求帮助。问题解决了，能力也就提升了，整个过程实际上就是创新。”（上海宏润博源学校，陈文国校长）

全球胜任力培养的特色实践

在教师专业发展方面，学校注重教师的全球胜任力发展，关注日常教学的细节。教师不应只掌握一门学科，而应该是跨学科的人才。学校借鉴优秀案例（如上海中学国际部）要求教师具有跨学科的知识背景及教学能力，既能打开教学思维，也能拓展学科眼界，这有助于发展全球胜任力。

在日常教学方面，学校同样要求教师具有很强的洞察力，在日常生活中关注每一个学生，观察每个学生的差异，能够发现学生的闪光点，进行鼓励式引导，充分发掘学生的优势特点，激发学生的内驱力，为学生建立自信，找到适合自身发展的方向。

> “我们希望把被动学习转化为主动学习，在整个学校里，学生是主体，老师起一种辅助作用。我们希望达到个性化教育，这对教师的要求是特别高的。教师首先要有真诚的爱意，在日常的生活中要去关注我们的每一个孩子，也就是要观察每个孩子方方面面细小的差异。我们的老师也要跟我们的孩子的发展途径相配套，我们的课程也要这样设计，我们共有15门AP课程，这是很不容易的。我们的老师要去挖掘学生的潜能，引导他们，看学生适不适合这门学科，适不适合这个方向，并在学习过程中，有针对性地加以引导，让他发展得更好。有些学生对某些领域特别感兴趣，我们就提供一对一的辅导。如果我们的老师能够发现孩子身上的闪光点，并把它挖掘出来，然后从这一点入手加以鼓励，让孩子的优点逐渐成为强项，孩子的自信心就上来了。”（上海宏润博源学校，陈文国校长）

在课程实施方面，学校对学生全球胜任力的培养呈现中西融合的特点，引入先进的教学理念，结合中式教学方法，将传授式教学、分组教学和项目式学习相结合。教学过程既尊重中国传统文化的理念，又吸收国外教育理念的优点。

在课程建设方面，学校通过跨学科巡课制度提升教学的有效性。每位教师每月需要巡视其他教师的课程，同时完成听课笔记。巡课制度不限制专业和学科，教师可进行跨专业巡课，了解不同专业教师的教学组织过程。在巡课过程中教师可以实现跨学科的借鉴和学习，同时了解学生在不同学科的表现，进而优化自己的教学内容、改进学习成效。

“中国（传统）的学习方法是很好的，比如在语言学科方面。有时就是需要让学生多做一些记忆性的学习任务。我们要把两者相结合，让学生的基础打得更加扎实。有了扎实的基础，在进行小组讨论，或者做课堂汇报时就更加有底气。在理科方面，我们也把两者相结合。我们始终认为，国内的理科教学还是很扎实、很系统的，逻辑性思维也比较强，国外的教学过程是有跳跃性的。比如，国外的数学教学是不够系统的。我们把中西两种教学方法结合在一起。东方人逻辑性思维比较强，据此特点设计的教学会比较容易被学生接受。国外的那种跳跃式、螺旋式上升的教学方法，能够让学生更灵活地运用知识。所以，二者的结合使得我们的课程既有系统性强的特点，也有螺旋式上升的设计优势。”（上海宏润博源学校，陈文国校长）

一直以来，学校始终倡导弱化学校边界、整合各方资源，着力构建学习型社区。例如全体师生每年都会参与为期一周的“建设上海”项目式学习活动，邀请各界专业人士加入，并为学生提供支持，从不同方面探索上海在过去一百多年里从一个贸易小城发展成为国际大都市的过程。在新冠疫情期间，学校突破地域限制，邀请更多社会资源参与到学习型社区的建设中来，共同探索线上线下融合共生的教学形态。同时，学校认为让学生在不同社区环境的锻炼和体验也是非常重要的。例如学校定期组织学生到其他国家考察访问，通过适应不同经济发展水平和文化类型的环境来提升自身能力，让学生成长为在任何不确定的环境下都具备解决问题能力的国际化人才。

上海宏润博源学校以创建学习中心为导向，鼓励教师对学生的个性化关注，遵循教育规律，激发学生的内在动力，培养学生的探索精神。同时，学校积极整合社区优质资源，建设可持续的社区学习共同体，培养能够适应不同环境的创新型人才。

（5）深圳荟同学校

学校背景简介

深圳荟同学校（简称“荟同”）于2019年创办，是一所奉行“一校多区”的现代化学校。荟同校名取“荟萃中西，世界大同”之意，集个性化、全球化、面向未来、全人发展于一体，致力于为3岁至18岁学生提供基础教育。学校课程深度结合了世界领先教育学专家的创新方法和全球各地的顶尖课程体系，以探究性教学、项目制教学和实践体验教学等教学方法为主要特色，以双语教学贯穿整个过程。例如，在中小学阶段，落实国家课程标准，采用主题式项目制课程模式，同时采纳世界各地的优秀教学方法和理念，并融入了与哈佛大学课程再设计中心合作开发的核心素养理念。目前，荟同汇聚了一支德才兼备的优秀教师团队，其中获得硕士及以上学位的教师人数占比74%，具备四年以上教学经验的占比62%，精通至少一门外语的占比89%。

办学理念与全球胜任力培养

荟同对学生全球胜任力的培养体现在其“根植本土”的学校理念中，以及独有的“毕业生模型”，从自我世界、知识世界、人文世界三个方面对学生内在的品格、对待知识的态度以及作为集体中的个体提出了要求。“毕业生模型”要求学生自身要成长为有韧性、具有自我意识的个体，是自信的行动参与者；在对待知识时要做严谨的学者、勇敢的探索者、审慎的思考者；作为周围环境中的一分子，要成长为有道德的公民、有创造性的贡献者和积极的社区成员。该模型将知识、技能、情感、价值观各方面的培养与全球胜任力培养高度结合。

> “其实我觉得（根植本土的）理念绝对不是说通过一两个项目去实施的。不是说开设中国武术课、中国古典音乐欣赏课，然后背一背《道德经》《三字经》，这就算是与本国相关。这个理念它很难说开一个课，或者专门做一个项目，然后去实现。但是我觉得在荟同其实有一些底色的东西，是在支持这样的一个理念。比如说课程融合，荟同是从建校开始就是往这个方向去的，而不是

被迫去进行融合课程。第二个就是人员，我觉得人员很重要。荟同非常尊重老师的经验价值和声音，这个本身就很有意义。”（深圳荟同学校，郭歆主任）

全球胜任力培养的特色实践

课程是学校进行全球胜任力培养的关键环节，荟同在课程中十分重视融合课程以及跨学科的学习。课程的融合首先体现在课程的内容和标准上，荟同的课程并不是严格按照某一种课程体系来安排的，而是以国家课程标准为基础并借鉴至少一套其他优秀课程体系而设计的，以求达到最适合不同学科的课程安排。虽然课程基于多种课程标准，但荟同并不增加课程难度，而是注重课程覆盖的广度，为学生了解不同的文化、培养全球视野提供支持。其次，学校认为融合体现在真正的双语融合教学，不是通过中国老师与外国老师交替教学达成双语融合，而是由同一个教师进行双语授课，以帮助学生提升语言能力。

荟同以项目制教学来实现跨学科的教学，尤其体现在科学、技术、工程和数学（STEM）学科中，小学的跨学科教学较中学更为灵活。除此之外，每个年级每个学期都会有相适应的跨多学科项目导向的任务。通过项目能够锻炼学生的沟通能力，有助于培养学生的团队协作及领导力。同时，学校在课程的设置上很重视社会情感的学习，认为共情力是学生面对未来数字化世界挑战的重要能力，并在“仁爱力”课程中结合现实问题，加强学生对现实问题的关注。

学校对于教师的重视程度和对学生是同等的，只有真正尊重和关注教师才能真正以学生为中心，要培养学生的全球胜任力，教师要首先有这样的能力。学校要求教师要有领导力，有足够的专业能力，以及很强的跨学科能力。能够高效学习是教师获得一流相关信息以及在教学中推陈出新的重要能力。国际沟通能力和共情能力也是教师要具备的重要能力，教师要能够和来自不同文化背景的同事友好相处。

在课程之外，荟同为学生提供了多样化、个性化的“课外课”选择。对“课外课”的高度重视是荟同的又一重要特色。这些课与其他课程同等重要，为学生提供个性化的、自由的学习选择。荟同十分重视“课外课”对学生兴趣以及能力发展起到的重要作用。学生根据自己的兴趣拓展知识面，并在此过程中得到各种能力的锻炼。英语以外的二外课程也包括在其中，这些课程将语言与文化结合，为学生理解多元文化，增强语言能力创造了条件。另外，荟同将 STEM 课程视作学生应对未来科技发展的重要准备。学生通过 STEM 课程接触前沿的科技创新，掌握一定数字技能，以应对未来世界的挑战。荟同还格外重视学生社会情感的培养，认为爱与情感是人类应对未来的、不可替代的重要因素。

总的来讲，荟同强调学校的“底色”。在学校底层理念中强调对学生扎根本土的全球能力的培养，不仅仅要培养学生走出去、走向全球的能力，更强调学生要对自己的根足够了解，不仅要通过课程培养学生立足于中国本土，还要营造学校整体氛围，对学生进行润物细无声的熏陶。

2．案例整合分析

（1）结合 PISA 全球胜任力理念框架

结合对校领导团队的深度访谈及学校资料的收集整理，调研组进一步整合各校情况，总结归纳出我国国际教育领域中对于学生全球胜任力培养的共性与特征。总体来说，我国国际教育中全球胜任力培养的本土实践集中体现了 PISA 兼顾行动与要素的全球胜任力理念框架。具体来说，各校在知识、技能、态度、价值观等不同维度均表现出融合办学的理念，开展了特色实践，将对学生全球胜任力的培养融入课程体系当中，从课程内容的研发和底层逻辑上体现出对于全球胜任力的全面应用与融会贯通。下文将归纳参研学校对学生全球胜任力培养的具体实施路径与特点。

在知识维度，各参研学校结合自身优势进行课程创新，从基本学科知识、语言能力培养、实践经历拓展等方面，培养学生关于世界文化及他国文化的相关知识素养。各校均十分注重文化及语言科目课程内容的开发与评估。以北外附属苏州湾外国语学校为例，该校关注学生跨文化能力的培养，以知识、语言、技能以及文化批判性思维四个方面为培养目标，通过把学科课程与优势课程资源相结合（如阅读课程、外交官课程等），全面提升学生的全球胜任力。

在技能维度，各校以培养学生观察和发现问题的能力、沟通能力、合作探究能力为目标，在校本课程方面展开深入研究，培养学生跨文化交际的软实力。所有受访学校均在课程设置方面深入发掘，将全球议题与跨文化问题融入课程中，结合小组讨论、项目式互动学习等课程设计与教学方法，培养学生解决不同文化背景下的问题的能力。

> “我们认为，理解全球胜任力不一定要走到全球的舞台上，在本国的舞台上关心全球的议题，比如说环保、新能源的议题，其实也是在培养学生的全球胜任力。全球胜任力的培养不仅是国际化的能力，也是让学生在不同的地方都能够去胜任和发挥作用。比如对所处的环境和社区，都能够有能力做出一定的贡献。”（上海宏润博源学校，陈文国校长）

在态度维度，各校十分注重培养学生尊重和包容的态度以及作为世界公民的责任感。深圳荟同学校为学生设计的“毕业生模型”三要素中就突出了自我世界以及人文世界，让学生成长为有道德的公民、有创造性的贡献者和积极的社区成员。杭州绿城育华学校在重视学生本土身份认同的前提下，重视培养学生包容的态度，同时通过课程融合等途径，培养学生自主学习能力及为自己负责的能力，培养具有理性精神、健全人格、深厚文化素养和全球胜任力的人才。

全球胜任力在价值观维度是个体态度和行为的内驱力，即个体能够包容他人和尊重多元文化。价值观是指导个体判断和处理问题的衡量标准，参研学校对这一维度的理解与相应的学生培养也各有特色。深圳荟同学校在“仁爱力”课程中，以主题探究的方式带动学生自主探究与学习，浸润式培养学生在价值观和情感层面的发展。同时，杭州绿城育华学校和深圳荟同学校也非常注重学生对于本土身份的认同。

> “作为一个中国人首先是要认同自己的中国身份，国家认同感

是第一位。在此基础上，再通过外语能力去认可、包容异域文化，这样的人才才谓之国际化人才。”(杭州绿城育华学校，孙卓人副校长)

(2)我国国际教育中全球胜任力培养的核心特点

调研团队进一步总结参研学校的共性与特质，将以上不同维度的体现进一步整合分析并深入讨论发现，各校在学生全球胜任力发展上百花争艳、各有特色，而核心共性可以归纳为“扎根本土，借鉴他国优秀课程元素，依托课程融合与开发，致力于达到差异化学生个体的‘全人成长、发展’”。

北京市新府学外国语学校在关注学生个体差异的前提下，通过人文社科中的体验性课程设置，帮助学生认知和体验社会环境及不同社会体制，更好地学习他国文化及历史，进而培养学生的全球视野。

“(我们会通过课程内容的设置)让学生去体验一些在校园环境下无法接触到的一些客观世界规律。比如我们会设计一些游戏性场景，让学生在游戏化的过程中去理解商业的一些规律。再比如说对于人类历史上出现的政治体制(如君主制、共和制等)，我们会让学生分成不同的、小的群体，让他们用体制构建的途径搭建模型，感受在不同的体制下他们可能会有什么样的管理性的体验。这样的方式有利于他们再去(更好地)理解真正的历史事件或者不同国家的发展历程等等。通过这种体验，学生们会有更加真实的感受，这样才能在课堂上进一步培养他们自身的能力，也就是全球胜任力所强调的这些能力。”(北京市新府学外国语学校，姚宇堃副校长)

深圳荟同学校充分利用和发挥融合课程的作用，扎根本土情境促进学生全面发展，在日常学习中培养学生的全面素养，通过营造开放平等的学习环境与氛围，将学生个人与周边的环境联系起来，将学生个体与集体福祉等问题联系起来。

“(在“仁爱力”课程中)孩子们从不同年龄用不同的视角去理解，有的是拍了自己的电影，有的是画了漫画，有的是做了一些戏剧表演，还有结合艺术组做了大量的海报。所以(这一方面)我们觉得是非常重要的，也就是为孩子们将来做准备，教会他怎么在这样一个不可控和不可预知的未来，跟别人共同生活和共同工作，还能把人类的这种爱和情感充分地发挥出来。”(深圳荟同学校，郭歆主任)

上海宏润博源学校在培养学生自信的同时，更关注学生的责任意识，以“选择权—责任感—创造力”的转化路径，培养学生独立自主的能力。

“我们的一个项目式学习特色活动课程叫‘建设上海’。我们认为孩子们首先要了解自己居住的环境，了解上海的各个领域。在活动初期由老师与学生分组讨论并确定探究的主题，例如银行系统、邮政系统、新能源车等。再由学生自发寻找并邀请相关专家讲解，同时进入相关领域进行参观学习，引导学生思考并解决相关问题。比如说其中一个研究环保的小组，探究的对象是我们的校园。由于校园房顶面积较大，学生们决定利用房顶空间设计太阳能发电装置，为学校提供用电。学校为学生联系太阳能公司，为他们的报告提出改进建议，也为该组学生提供了学校的电费明细，让学生们可以进一步分析和设计他们的项目内容。在这个过程中，学生们通过项目合作不仅学习到了环保议题下的基础知识，同时也锻炼了解决问题的能力以及相关的技能。”(上海宏润博源学校，陈文国校长)

通过对参研学校的深度访谈和整合分析不难发现，各校在不同程度上重视课程的融合与研发，在借鉴和引进现有成熟课程内容的同时，发掘适合我国特色与现实情境的本土化课程体系，以学生为中心，根植本土，重视教师的素质培养，充分发挥社区的作用，以培养具有全球胜任力的、对社会有责任、有贡献的全面发展人才。

本章通过对相关概念和研究以及参研学校的案例解析，从不同角度探讨了学校培养国际化人才、培养学生全球胜任力的特色化办学理念构建与实践探索。不可否认的是，受到当前国际形势及相关政策等方面的影响，我国国际教育也面临着各种形式的挑战。从教育领导部门到学术科研团队，从学校领导到前线教师，对国际化教育的思考从未停止，也不应停步。在国际格局正在发生深刻变化的今天，全球治理体系也发生着不可忽视的变革。在这种大变局下，培养当代学生的责任担当与全球胜任力是未来我国深度参与全球治理的重要准备，国际化教育是我国综合实力在国际舞台上得以充分体现和施展的重要前提之一。学校应视挑战为机遇，总结管理经验、拓宽办学思路，呼唤本土化创新，实现师资力量结构性重塑，探索新政策下国际化人才培养的新模式，构建具有中国特色的国际化教育。

第五章　国际教育未来发展与展望

2022年10月，党的二十大胜利召开，擘画了中国未来发展的宏伟蓝图。二十大报告明确提出，“深入推进改革创新，坚定不移扩大开放”是我国全面建设社会主义现代化国家前进道路上的重要原则之一。教育、科技、人才是全面建设社会主义现代化国家的基础性、战略性支撑，加快建设高质量教育体系、发展素质教育是办好人民满意的教育的重要内容。面对未来，中国的国际教育也要不断调整、规范、完善和创新，适应国家与社会发展的需要。

一、建设教育强国的背景下国际教育大有可为

自改革开放以来，我国的国际教育发展迅速，成绩斐然。经过多年发展，我国的国际教育已经形成了从基础教育到高等教育再到职业教育的全方位特色办学体系，在推动教育高质量及特色化发展的过程中发挥重要作用，是我国教育体系中不可缺少的组成部分。近年来，中国经济发展稳中求进，我国国际教育已初具规模。2022年新增36所国际化特色学校，其中华南和华东地区两地分别新增12所和11所，贡献了国际化特色学校新增规模的约33%和31%。华北和华中地区分别新增7所和3所，西南和东北各新增2所和1所。在2022年的新增校中，占比最高的仍为国际化特色民办学校，为61%，其次为外籍人员子女学校，占比为25%；公立国际课程项目和其他类各占比11%和3%。

在充分肯定国际教育发展成就的同时，也必须清楚地意识到，随着我国社会不断发展，教育治理体系与治理能力不断现代化，社会必然会对国际教育发展质量提出更高的要求。因此，国际教育从业者必须与时俱进，

根据社会环境发展的实际情况，积极促进教育变革与创新，以适应新时代的发展需要。近年来，国家高度重视民办教育发展的规范性。自 2017 年国务院发布《关于鼓励社会力量兴办教育促进民办教育健康发展的若干意见》以来，国际教育政策开始不断完善和丰富；2020 年 10 月，中共中央、国务院印发了《深化新时代教育评价改革总体方案》；《中华人民共和国民办教育促进法》在 2002 年至 2021 年间进行过多次修订，最新修订后颁布的《中华人民共和国民办教育促进法实施条例》在 2021 年 9 月 1 日开始实施，这是我国“十四五”时期颁布的第一个教育政策法规条例，对我国整体教育事业具有深远的指导作用。这些宏观教育政策必然给国际教育发展带来影响，为国际教育更规范化发展带来更大机遇。国际教育领域应紧跟国家政策，将教育政策真正落到实处，从而实现可持续性发展。

二、标准化与特色化已成为国际教育发展的行业导向

随着我国经济不断发展和教育对外开放进程不断加快，人们对高质量教育的需求持续增长，国际化特色学校也在蓬勃发展。因此，国际化特色学校的规范设置标准、教育质量保障和教育方向等关键问题需要管理者依据政策大方向实施管理。

标准是行业运行的基础。国家层面下达的相关政策，如《营利性民办学校监督管理实施细则》《中华人民共和国民办教育促进法》《北京市外籍人员子女学校管理办法（试行）》《国务院办公厅关于开展城镇小区配套幼儿园治理工作的通知》等，针对开展国际教育的公办学校、民办学校和外籍人员子女学校的投资方、举办方、生源构成、学校名称、课程类型、教材使用等各方面都进行了规范。但当前国际化特色学校大部分都是学校自定管理标准，没有统一的管理规范，未来相关机构会进一步推进对国际化特色学校的行业标准管理。

国际化特色学校标准研制工作要坚持党的教育方针，在有关部门的指导下凝聚各方专业力量。行业标准应立足于服务社会、服务政府、服务行业，以国际化角度为切入点，以立德树人为评价基准，围绕国际化特色学

校的理念定位、办学管理、教育方向、教育质量、领导与管理、教育教学、教师发展、学生培养等方面进行标准设置与评价。因此，至关重要的是在国家教育行政部门、标准管理行政部门的指导下，邀请政策专家、教育专家、标准专家、学校举办者和管理者共同参与，广泛深入调研全国国际化特色学校，了解实际情况，获得一手数据，听取直接反馈。基础教育国际化是教育国际化的重要组成部分。在研制管理标准时要充分考虑标准体系与国家及各地方政策的协同，在充分开展文献研究、专家研讨和实证调研等前期工作的基础上制定标准指标体系，明确实施路径、组织方法和时间进度，从而使国际化特色学校健康有序地发展。

当前，为了获得优质的教育资源，许多家长将目光投向国际化特色教育，不惜花费高昂学费让孩子就读国际化特色学校。这从某个角度来说，助长了部分国际化特色学校的“乱收费”现象，使国际化特色教育脱离了教育的本真。关于国际教育收费标准，应控制其合理收费范围，回归教育的本质。国际教育的发展也应中西融合、博采众长，既不能照搬照抄，也不能只在表面上改造，应该坚持“吸收、融合、创新”的原则，将“学业、师生、家校”三个共同体建设作为核心与突破口。

三、国际教育行业规范性政策体系逐渐形成

近年来，我国政府相继颁布了《中华人民共和国中外合作办学条例》《关于促进普通高中中外合作办学规范发展的指导意见》《高等学校国际学生勤工助学管理办法》《中国教育现代化 2035》《加快推进教育现代化实施方案（2018–2022）》等。国际教育行业相关者，尤其是地方政府，应深度剖析国家发布的各项关于国际教育的政策法规，探索适合国际教育的发展功能定位，并梳理中央人民政府对国际教育的整体规划，构建合理的国际教育布局，推动教育国际化具体行动方案。

地方政府应根据自身的实际教育情况，制定整体的国际教育规划，因地制宜地构建国际教育产业布局，探索国际教育发展新模式，为国际教育发展提供更加多样化的发展环境。以我国海南省为例，中央为支持海南建

设相继发布了《关于支持海南全面深化改革开放的指导意见》《海南自由贸易港建设总体方案》，海南省政府颁布了《海南教育现代化 2035》《加快推进教育现代化行动计划（2019–2022）》。海南省利用自身自由贸易港的地理优势，充分借鉴国际自由贸易港的先进经营方式，将相应的管理方法运用到本省国际教育发展中来，充分借鉴中国香港、新加坡的国际教育发展模式，拓宽思路，在面临经济环境变化和产业升级的背景下选择合适的教育发展路径，立足海南经济，适时调整教育战略计划。近几年海南省重点打造了陵水黎安国际教育创新试验区、三亚崖州湾科教城、海口江东国际教育园新区，以及博鳌乐城国际医疗先行区和洋浦经济开发区为教育领域对外开放的平台，形成“三面两点，辐射全岛”的教育开放新路径。围绕国际教育，平台园区在办学体制、人才培养模式、招生、人事制度、运营管理等方面大胆尝试，开展制度集成创新，建设海南国际教育新的发展蓝图。

“双减政策”的出台和《中华人民共和国民办教育促进法》的制定体现了教育理念的转变，最新版本的《义务教育课程方案和课程标准》的颁布是新的教育实践的充分体现。教育新模式、创新教育场景、转变学习方式、搭建新教育技术平台等是教育新生态的生动展现。我国地方政府可因地制宜建设本地教育生态，例如海南省在发展国际教育生态方面采取了实施教育人才引智计划，启动教育人文对外交流工程，发展外语水平提升工程等重大举措。在创建良好教育生态环境方面，海南省不断创新理念和实践，建立完善的信息技术机制和公共舆论环境，高质量服务中国国际教育，使其有序发展。

四、国际教育发展的数字化成为国际教育领域热点

“教育数字化转型”指将数字技术整合到教育领域各个层面，推动教育组织架构、课程内容、教学过程、评价方式等全方位的创新与变革，形成具有开放性、适应性、柔韧性的教育新生态[137]。当前，数字技术已经

[137] 祝智庭，胡姣．教育数字化转型的实践逻辑与发展机遇［J］．电化教育研究，2022-01-01，P6.

全面体现在中国建设发展的各个领域，在教育领域的应用尤为突出。我国《“十四五”国家信息化规划》中也提出了实施全民数字素养与技能提升行动计划，全面推行新时代教育数字化转型[138]。随着数字经济和数字社会的到来，教育也逐渐开始了数字化，“云教育”等新型教育数字化形式开始应用到教育教学中，这改变了传统教学方法和教学思路。数字化催生的教育新样态对教育改革提出了更高、更新的要求。对此，国际化特色学校也应该尝试建立国际教育科技新生态，充分利用新技术开拓数字教育新局面，深入推动全流程、全方面的数字化教育教学思维、数字化教育教学认识和数字化教育教学应用，积极参与国际教育科技新生态建设，推动全球教育合作，与世界各国共同探索国际教育科技新生态建设。

当下，我国国际化特色学校的发展受国际局势、全球范围经济增长乏力以及公共卫生问题的影响，面临着诸多挑战。因此，面对诸多国际性问题，国际化特色学校的发展也必定要呈现一种新的方式，在全球化中找到自身发展的平衡点，共同创建人类教育命运共同体——每个国家、每个人都应该主动参与其中，以更宽广的视野、更坚强的意志、更长远的视角解决问题。国际化特色学校要提高自身的办学质量，加强课程体系改革，让课程设置更加多样化、个性化，更加灵活，提高教师教学质量。当前，国家对于国际化特色学校的教材使用、课程设置等都逐渐规范化，国际化特色学校在未来应在国际复杂的局势中充分探索新的发展策略。例如，北京市建华实验学校在2020年探索创办的国际化创新学校“提雅学园”就非常重视课程设置方面的创新，不采用现有的国外课程体系，而是自主研发“目标—经历—反馈”（Goal-Experience-Feedback）的创新教育培养体系。学校除汉语言文学类课程为全中文授课，其他课程均采用双语教学，文本材料为英文或中英双语。具体课程的授课语言由学术导师根据教学需求和学生水平而定，并在实施过程中调整。在课程结构设置上，学校进行自主研发和创新，其正式学习体系包含了底层核心学习、领域通识学习、展开性学习三大模块。

[138] 中国网络安全和信息化委员会办公室．“十四五”国家信息化规划［EB/OL］．（2021-12-27）［2023-08-16］．http://www.cac.gov.cn/2021-12/27/c_1642205314518676.htm.

此外，国际化特色学校要完善学校自身的评价机制，积极与学生家长进行反馈、互动和交流，关注学生心理健康教育，坚持以人为本，注重学生的学习体验和批判性思维，发现自身不足，优化学校自身的信息技术，建立、完善在线教育技术平台，最大限度地提高在线教育的教学效果和学习效果，并努力探索更多在线教育工具。未来的国际化特色学校发展，应以立德树人为根本目标，培养学生的良好品格，打造高质量的国际化特色教育，加强校企合作，强调中西融合，努力为党育人，为国育才，创造中国国际化特色教育发展的新辉煌。

五、国际教育领域的师资专业化发展正得到多方重视

师资力量是学校至关重要的指标性资源，对于致力于培养全球化视野国际人才的国际化特色学校，优质师资力量尤为重要。随着全球化和中国教育政策的与时俱进，国际化特色学校在中国蓬勃发展，这一方面给教育工作者提供了更宽广的发展空间，另一方面也为学校的管理者带来了前所未有的挑战。面对外籍教师资源紧缺、人才招聘难度大、教师队伍不稳定，人员流动性大、优质国际教育师资紧缺等问题，如何组建更优质的教师团队、保障教育质量等都将成为国际化特色学校可持续发展的重要关注点。

尊重教师差异，开展校本培训，促进教师专业化发展是保障优质师资的重要举措。国际化特色学校的管理者需要认识到国际化特色学校师资存在多元性的特点。来自不同国家，不同经历、不同年龄、不同个性的教师存在很大的差异，即使同为中方教师，老师的年龄、经历、所接受的教育等都有很明显的差异。认同教师差异性是打造国际化团队的先决条件，尤其对于领导者和管理者而言，求同存异是关键。团队能走多远，取决于团队中每位教师的力量。随着教育改革的推进，教师专业化成为每一所国际化特色学校需重视的问题。校本培训是教师专业发展的重要手段，关注教师的专业化发展，就是关注学校的发展。如北京王府学校提倡教育的核心是质量，质量的核心是教师，抓住教师就是把握住了教育的核心。该学校提供形式多样的培训，安排教师参加国内外学术会议，鼓励并全额资助教

师到全球顶尖教育学院攻读硕士、博士学位。截至 2022 年，学校已选派 150 名教师学习哈佛大学教育研究生院的培训机构 WIDE World 创办的进修课程，其中 17 位教师被哈佛大学认证为教练；培养出 7 位北卡罗来纳大学教堂山分校教育学硕士，17 位北卡罗来纳州立大学教育学硕士，1 位哥伦比亚大学教育学硕士。此外，学校每年组织多达 200 人次的学术会议及培训。可见，如果国际化特色学校致力于打造更优质的师资团队并取得长远发展，那么管理者就应做好校本培训，促进教师专业发展。

大力开发校外优质资源、加强交流是提升学校管理水平的重要途径。我国公办学校教师交流和研修机会比较多。相对来说，国际化特色学校因课程和教学模式不统一，校际交流较少，只有少部分学校重视引进开发校外优质资源。例如，北京王府学校与众多全球顶级大学及机构开展了广泛深度的合作，2016 年被剑桥国际考试委员会（现更名为“剑桥大学国际考评部”）正式授予剑桥国际教师职业发展资格认证中心的资质。国际化特色学校在发展过程中应多学习、多借鉴其他国际化特色学校新的创新理念与学校发展管理模式，与国际顶级大学及机构展开深度合作，以提升自身的办学水平。

最后，对外籍教师的管理也是影响国际化特色学校发展的重要因素。随着国际化特色学校数量的增多，规模的扩大，外籍教师已成为国际化特色学校的中坚力量。当前国际化特色学校的外籍教师供需不平衡，外教人员存在良莠不齐的问题。个别外籍教师在履历和身份上造假，而部分学校为了降低成本采用“低端路线”，简化招聘程序、降低门槛，有的甚至允许无任何教师资质的外国人流动任教。面对如此鱼龙混杂的局面，国际化特色学校应加以重视规范外籍教师的引进渠道：公开网上招聘、中介机构推荐、全球招聘会、现有教师推荐等。国际化特色学校在聘用外籍教师时，应严格审核外籍教师上岗资格，明确上岗外籍教师须持有国际公认的语言教学资格证书，如英语教师资格证书（TEFL）、作为第二语言英语教学资格证书（TESL）、国际英语教师资格证书（TESOL）、剑桥英语教学能力证书（TKT）、剑桥成人英语教学证书（CELTA）等。此外，学校还应注重外籍教师是否具备丰富的教学经验，专业性是否符合，了解其个人职业发展规划和意愿，并考查外教是否愿意开展学习，接受培训，积极适应双语教学模式。对外籍教师同理心的考查也是重要一环。只有富有同理心的外籍教师才能真正了解和热爱自己所教的学生，深耕于国际教育领域。

六、培养具有全球胜任力的学生项目已成为重要市场

2021 年 11 月 10 日，联合国教科文组织 2021 年全球教育高级别会议在法国巴黎召开。会议发布了《巴黎宣言：向全球呼吁投资于未来的教育》，对未来教育具有积极指导作用。在大环境教育政策的指导下，人才培养的未来目标也应该与时俱进，重新进行调整。教育的本质是培养人，人才始终是国家发展的重要资源之一，是提升国家综合实力、促进国家发展、民族振兴的重要基础，是国家发展科技创新的根本动力。特别是进入信息化社会以来，随着大数据、人工智能、云计算等信息技术的产生发展，对人才的要求也逐渐提高。对此，我国应坚持“引进来”与“走出去”相结合，探索建立符合我国国情的国际化人才培养体系和制度，探寻我国自主开展培养国际化创新型人才的培养方法和路径。

从整体上看，我国人才竞争力整体上还有很大提升空间。为此，我国应积极应对新一轮全球国际人才竞争，根据实际需要，及时把握国际人才竞争局势，制定新的人才培养计划。首先，应继续坚持教育改革开放政策不动摇，为人才培养创建开放的交流环境，加大与国际人才的合作与互动，引进先进的人才培养理念和经验，培养适合本国的新型国际化人才和具有全球胜任力的综合发展人才，并最大限度发挥人才的影响力。例如，教育部中外语言交流合作中心创建了“国际中文教育交流周”，将北京外国语大学、北京语言大学、中国传媒大学、对外经济贸易大学等 16 所高校及多家出版社、研究机构等汇集一起，通过线上线下相结合的方式举办近 40 场精彩活动。在 2021 年 12 月举办的“交流周”仪式上，提出了探索“中文＋”新模式助力各国人才培养。大连外国语大学与凌源钢铁集团有限责任公司共同发起成立“非洲国际中文教育联盟”，召开了“中文＋职业技能”校企

对接会，有效地促进了教育的国际交流合作与发展，提升了中国在世界上的影响力。

其次，要注重个体个性化潜能的发挥和培养，每一个人都有其最擅长的特点，教育要善于发展学生的个性和创新潜能，加强学生与大自然、社会的接触和认识的程度，注重学生从生活和实践中学习知识，开发每个学生的创新潜能，积极呼应未来社会对人才培养的需要，提高学生解决实际问题的能力。杭州市余杭高级中学在这方面做了很多有意义的探索。学校开展了多种各具特色的社团活动，包括辩论大赛、机器人制作社团、志愿者服务樱花节、太极拳等活动，提高学生自我认知，培养学生个性特长。

最后，要尝试进行教育资源重构，促进教育形式多样化，打破原有的模式化教学形式，创建富有个性化、体验感、创新性的授课形式，多角度开发学生的创新潜能。例如，在中国空间站开展的“天宫课堂”通过视频连线的方式让“太空教师”为数万名中小学生进行太空授课，学生代表通过向航天专家提问，实现了航天员与地面师生互动交流。这个活动鼓舞了学生们进一步学习航空航天技术、探索宇宙奥秘的积极性。再比如，成都市新津区泰华学校也做出了很多创新性的尝试，开展了多种形式的德育主题教育活动，包括主题班会课、班级文化建设、红领巾奖章“争章”活动、“悦·阅读”活动、家校共育活动等等，全面贯彻落实党的教育方针，创新教学形式，令在校学生收获颇丰。

第六章　结语

在全球化的背景下，世界各国的教育交流日益频繁，形成了教育国际化的大趋势。基础教育国际化是我国教育国际化背景下的不可缺少的组成部分，而国际化特色学校是基础教育国际化的重要实践。由于整个国际教育行业涉及范围大、主体多，难以在一篇报告中统计和研究，因此本报告主要基于自身积累的信息和研究关注的重点，探讨国际化特色学校发展情况。

近几年我国的国际化特色学校有了日新月异的发展。挑战与发展同在，行业在快速发展的同时，在办学质量、课程体系、学校管理、师资队伍建设等方面也存在水平不一、良莠不齐的问题，行业亟待规范。行业的良性发展需要依托科学的评估体系和完善的评估标准，实现鉴定、导向、激励、诊断、调节、监督、管理等诸多功能，以此作为检验国际化特色学校办学质量的主要手段。因此，多方协同、标准与规范化建设是未来国际化特色学校蓬勃发展的必要保障。

一是面向行业。要建立国际化特色学校行业标准规范和质量保障标准体系。国际化特色学校行业尚处于发展阶段，在办学实践中不免存在问题，行业从业人员需更加成熟。与此同时，国内尚需既满足国家人才发展目标，又符合学校办学实践的国际化特色学校标准体系，以衡量学校办学质量。因此政府应组织相关专家、机构或第三方构建一个完整的国际化特色学校质量保障标准，国际化特色学校的领导层或管理层可以依据此类标准实施办学。

二是面向学校。结合国际先进经验进行国际化特色学校办学评估，涉及教学、课程等诸多方面。学校开设的选修课种类是否丰富是教学评估指标之一，因为这决定了学生是否有足够的选择以及学校开展个性化教育的程度；学校课程体系是否完善以及是否围绕全人教育所需的核心素养来设置课程体系也很重要；学校是否将生涯教育的理念融入学科教育，以及有关学校日常的教学理念、教学方法等，这些都要走进学校对课堂效率进行评估。如果课堂效率高，学生参与度也会相应提升，知识的留存率相应也会提高。课程设置是一个学校最首要的特点，因此在课程设置上，应从合理性、连贯性、挑战性、跨学科设置等角度考核。对于在中国落地的国际化特色学校，中国文化教育课程占比也是考核点之一。除此之外，还要看国际化特色学校的硬件和软件设施，包括校园环境、校园文化、海外交流情况、交换生、国外合作伙伴等，这些都是衡量国际化特色学校办学质量的指标。

三是面向教师。要建立师资质量的评估指标体系，师资水平、教师教学是不可缺少的考核因素。同时，教研支持体系、教师成长计划也影响到国际化特色学校的师资力量。师资队伍的国际化水平对于整个国际化特色学校水平的提升发挥着决定性作用，因此，很多国际化特色学校都将提升师资队伍国际化水平作为其发展的方向。一方面，通过访学、学历教育、参加国际会议等方式，不断提高教师队伍的国际化水平；另一方面，积极引入有海外学习背景、海外工作经历的本国及外籍的优秀教师，通过“洋为中用”来提升教师队伍的国际化水平。师资队伍国际化指标设置极大程度影响了国际化特色学校的教育质量，教师队伍的国际化水平也极大程度影响了学生国际视野的发展和学习能力的培养。随着外籍教师增多及招生的扩大，对学校行政管理人员的国际化层面的要求逐渐丰富，行政人员的考查也因此逐渐被纳入了师资队伍国际化的评估当中。一般来说，师资队伍的国际化有以下几个考核点：外籍专任教师比例，外籍专任教师中非语言类教师比例，高端外籍专家及海外高层次专家比例，具有境外学历专任教师比例，教职员工出国交流、研修比例等。

四是面向学生。针对国际化特色学校学生的成长建立多元评价体系，培养真正具有国际视野、通晓国际规则、能够参与国际事务和国际竞争的德、智、体、美全面发展的社会主义建设者和接班人。学生的状况是学校发展状况的直接呈现。除学生成绩、毕业生出口外，学校对学生的评估方法制定、学生跟踪系统搭建等也是重要考核点。培养“具有国际视野和家国情怀、通晓国际事务和规则、业务精湛、国际竞争力强”的新时代国际化人才是国际化特色学校的重要职责，所以学生的指标体系也是非常重要的。如果一所国际化特色学校可以把能力水平参差不齐的学生都培养成为能力优秀、德才兼备的学生，那么这所学校就是一个好学校。这背后其实是学生输入和输出的问题。学校对学生入学前的状态应该有综合性评测，学生离校时再进行综合素质的测评。国际化特色学校以学生毕业后录取情况及未来整体职业发展情况作为对学生的评价标准，这在评价体系中占很大的权重。所以，建立国际化特色学校评估机制，帮助国际化特色学校找准自身定位，非常有利于促进国际教育行业的高质量发展。

附录一　国际化特色学校的认证体系标准

1. 英国海外学校标准（2016 年版）

英国海外学校标准（2016 年版）	
教育质量	1. 教学计划和方案应考虑到学生年龄、能力和需求的不同，特别是要考虑到有特殊教育需要的学生。
	2. 注重学生智力和体能的培养，注重提高学生的自驱力、创造力、独立思考能力和学习能力。引导学生自主学习，提高学生对所学科目的理解和技能。
	3. 让学生体验语言、数学、科学、技术、体育、美育等方面的知识。锻炼学生的听、说、读、写和计算能力。
	4. 非英语学科的教学需采用英语作为教学语言（包括书面和口头表达）。
	5. 教育教学活动能够反映学校的宗旨和精神。能够尊重他人，杜绝歧视。
学生的精神、道德、社会和文化发展	1. 倡导积极的价值观。
	2. 培养学生明辨是非的能力，尊重法律。
	3. 培养学生对自身客观的认知能力，包括自尊和自信。
	4. 使学生了解并遵守学校所在国家的公民责任。
学生的福祉、健康和安全	1. 学校应制定并落实相关行为规范和惩罚措施，对有严重不良行为的学生进行有效的惩戒。
	2. 学校应制定和实施有效的防范校园暴力的规章制度，最大限度地防止校园暴力的发生。
	3. 学校的防火标准应至少达到当地防火标准。
	4. 在符合当地法律法规要求的前提下，学校应妥善保留学生的入学和出勤记录。

（待续）

（续表）

英国海外学校标准（2016 年版）	
学生的福祉、健康和安全	5. 学校应采取切实有效的行动，及时发现潜在风险，保障和促进学生在校的权益和人身安全。
教职工和管理者	1. 学校管理人员应对每位教职人员进行考核，特别是身份、健康状况、工作资质等方面。
	2. 在切实可行的前提下，应向教职人员当前居住的国家大使馆或警察局取得其良好行为的证明或无犯罪记录的证明。
学校设施和宿舍	1. 学校应为学生提供厕所及盥洗设施，能够为 8 岁以上的男女学生提供独立的卫生间；为接受体育教育的 11 岁以上的学生提供适合的住宿和淋浴设施；为残疾学生提供独立的设施。
	2. 学校应为学生提供用于体检和治疗的空间。例如，为生病或受伤的学生提供包含洗衣设施和厕所设施的短期护理宿舍，为有特殊需要的学生提供额外的医疗设施。
	3. 学校应为每间宿舍和其他室内空间提供适当的照明和隔音设备，并提供外部照明以确保学生安全进出宿舍。
	4. 学校应提供适当的供水设备。例如，洗手间和便池有足够的冷水供应，盥洗设施有足够的冷水和热水供应，饮用水应具有清晰的相关标识，热水温度不应对使用者造成烫伤的危险。
信息提供	1. 学校应向学生家长、准学生家长和监督认证机构提供相关资料。
	2. 学校被评估视察后应在其网站公布最近一次符合英国教育部标准的报告，供每位已注册的学生家长查阅。
	3. 学生家长每年应收到一份书面报告，报告内容包括学生所学科目的成绩和取得的进步，但若家长同意，可不提供。
	4. 学校应提供学校地址、联系电话和校长姓名。如负责人是独立个人，则需提供负责人的全名、在上学期间及假期期间的通信地址、可联络到负责人的电话号码。如负责的是团体，则应提供其注册办事处或主要办事处的地址及电话。
	5. 学校应提供关于学生录取、过失或不当行为、惩戒及开除政策的具体细节条款；应提供学校能够为有特殊教育需求的、以英语为第二外语的学生提供相应的教育活动的证明。
	6. 学校应提供学生完成学年学习任务的表现情况，例如考试成绩或经正式程序被记录的负面评价或过失。

（待续）

（续表）

英国海外学校标准（2016 年版）	
投诉处理	1. 学校应制定并有效执行投诉程序，该程序应符合当地的监管要求，并能够及时、妥善处理来自家长的投诉。
	2. 确保在进行投诉陪审听证会时，至少有一名陪审成员不属于学校管理或运营人士。允许家长在同意的情况下出席投诉陪审听证会。
	3. 符合规定的投诉均需留存书面记录，内容包括投诉是否通过正式程序解决，学校是否执行投诉的裁决结论（不论是否维持原有裁决）。
	4. 除非海外国际学校所在地的法律规定允许查阅，否则与个人有关的信件、陈述、记录均需保密。
学校管理和领导	学校经营管理者具备良好的知识和能力，有效履行责任，积极促进学生的健康发展。
最低住宿标准	二十类标准分别是：寄宿制原则及实践声明；对寄宿学生的引导和支持；寄宿生的健康和福利；联络学生父母或监护人；寄宿餐饮和住宿条件；寄宿生的安全；消防注意事项及演习；饮食的准备和供应；寄宿生的财产；课外活动和休闲时间；儿童保护；积极促进学生的行为和人际关系；寄宿管理与开发；教职员工招聘和其他成年人的审核；人事监督；机会均等；保护住宿生的个人习惯；投诉；监督人员；长期住宿的管理。

2. COBIS“赞助人认证与合规性”标准

COBIS“赞助人认证与合规性”标准	
招聘安全与保障	1. 学校招聘过程中对所有岗位都能够始终如一地保持公平、周密和透明。
	2. 学校里的所有工作人员，包括志愿者和后勤人员，都能够达到保护儿童和保护学生的最高标准。
学生福祉	1. 学校能给学生提供包容的成长环境，满足所有学生的需要，并促进学生的个人发展。
	2. 学校为学生的身心健康和安全提供有效保障，使学生茁壮成长。

（待续）

（续表）

COBIS“赞助人认证与合规性”标准	
学生福祉	3. 学校对学生行为进行有效管理，在学习、情感发展和安全等方面给予学生支持。
	4. 学校提供在教室外的类似实景教学等课外活动，并确保学生的安全。
设施	1. 学校的住宿和设施能够满足学生需求，包括有特殊的教育需求和医疗需求的学生。
	2. 学校为所有学生、教职员工、访客提供安全的环境。
治理	1. 所有学校管理人员和经营者与学生的接触符合道德及法律的要求。
	2. 学校具有能够调解学校管理人员和经营者利益的措施。
	3. 学校应有具有法律效力的协议界定管理者的职权范围。
	4. 学校管理者的任命符合程序及规章制度。
	5. 学校管理者和经营者需通过参加培训不断提升自身能力业务能力。
	6. 学校管理者和经营者能够通过提供会议和相关决策记录，向外界证明其在不断积极履行治理的承诺。学生家长可以获得管理者和经营者的介绍、联系方式及学校重要政策文件。
寄宿	1. 学校能够采取适当且有效的措施保证寄宿生的健康和安全。
	2. 从事寄宿工作的教职工和学校的基础设施建设应致力于促进寄宿生的学业发展。
	3. 寄宿生能够与父母或法定监护人沟通。
	4. 新办理寄宿的学生应能够在办理住宿时得到有效的引导和支持。
	5. 满足寄宿生合理的膳食需求。
	6. 除教学时间意外，寄宿生能够有适当的活动范围和丰富的活动，每天需要安排充足的自由活动时间。
教学	1. 课程目标应平衡地发展学生的素质和技能。
	2. 教学中应不断鼓励学生并帮助学生取得进步。
	3. 学校能够有效地监控学生学习和教师教学质量。
	4. 教师对学生的评分、评价、反馈应致力于帮助学生取得进步；学校应满足学生的学习需求。
	5. 学校能够为学生提供独立学习的机会。

（待续）

（续表）

COBIS“赞助人认证与合规性”标准	
学校的领导力	1．学校各级领导应积极提高学生和教职工的幸福感。
	2．学校各级领导应努力改善和丰富学生的教育体验。
	3．学校各级领导应为学校的发展提供明确的方向和愿景。
	4．学校的领导力和建议有助于促进学校的发展和提高学生的体验感。
沟通	1．家长能够了解学校的宗旨和校风，并能够定期了解孩子在学校的情况。
	2．家长能够了解孩子在学校的进步、生活和课程。
	3．家长能知道如何快速地联系到学校的关键人员以及知道如何提出问题、寻求建议等。
	4．家长能够了解学校的招生安排和相关政策。
课外活动	学生有机会参与本地、区域、国际性活动，丰富学生的学习体验。

3．中部州立学校及学院协会中小学委员会评估标准（2021 年版）

中部州立学校及学院协会中小学委员会评估标准（2021 年版）	
基础	学校的基础规章制度等相关文件能够清晰描绘学校的未来愿景，能够反映出社会的期望，而且在学校的各种事项的决策中发挥指导作用。
治理与组织	1．学校是经由当地政府或相关行政部门合法授权，持有有效的执照。
	2．学校有明确的组织结构，并有对职位和职责关系的详细说明。
	3．学校有定期评估所有人员的有效体系。
	4．学校管理和领导战略规划能够对学校起到不断促进的作用。
	5．领导与教职员之间的权责清晰，并且能够保持清晰和有效的沟通。
	6．学校的领导能够对安全负责，并以身作则，以促进环境的安全有序。
	7．学校为所有员工提供积极的工作氛围。

（待续）

（续表）

中部州立学校及学院协会中小学委员会评估标准（2021 年版）	
学生福祉	1．学校领导为所有学生创造安全的环境。
	2．学生的身心健康是学校工作的重中之重。
	3．学校的各项活动与课程面向全体学生开放。
	4．学校为学生提供良好的学习环境。
资源	1．校方将提供充足而稳定的资金，以促进学校和学生的发展。
	2．基础设施能够满足学校的需求。
	3．技术资源（包括供学生和工作人员使用的硬件、软件、平台、政策和程序等）能够帮助学生完成学习任务和促进学生发展。
	4．交通和餐饮服务满足学校需求。
教学和学习	1．教学计划与普遍接受的学习标准相符。
	2．对不同的课程采用不同的教学方法，形成适合学生发展的学习环境。
	3．学生成绩评估不仅能够用来衡量学生取得个人和综合性进步的成效，而且可以衡量整个教育计划的有效性。
	4．学校提供支援服务，协助每一位学生取得进步。
	5．专业发展保证了教育计划的有效设计和实施。

4．Cognia K12 和高等教育机构的表现标准

Cognia K12 和高等教育机构的表现标准	
学习的文化	1．管理者要能够提出和培养学生尊重、公正、公平、包容、没有偏见的价值观。
	2．学生的福祉根植于学校自身运行的核心原则，如使命和目的等。
	3．学校以促进学生健康发展为理念和原则。
	4．学生能够从促进同龄人与成年人形成积极关系的环境中受益。

（待续）

（续表）

Cognia K12 和高等教育机构的表现标准	
学习的文化	5. 教职员工能够通过相互协作来支持学生。
	6. 教职员工能够得到他们需要的支持，以提高他们在专业领域的工作能力。
学习中的领导力	1. 管理者能够指导教职员工持续关注学生的需求。
	2. 管理团队能够通过多方合作，支持学校发展的重要领域并推动持续改进，从中体现出对学生的承诺。
	3. 管理者能够在团队中培养有效的个人和集体领导力。
	4. 管理者运用招聘、监督、评估等管理环节的专业知识，培养员工的学习与成长。
	5. 管理者创建和维护制度，为学生和员工提供支持。
	6. 教职员工提供的课程和指导具有包容性、有效性和针对性。
	7. 教职员工能够在学校的理念、使命和目的的感召下，指导和帮助学生。
	8. 课程和教学能够培养学生的学习兴趣。
	9. 以学生的需求为基础对人力、材料、数据、资金进行分配。
学习的参与	1. 课程与教学中的价值来源于多元的文化、背景和能力。
	2. 学生有公平的机会发挥自己的学习潜力。
	3. 学校能够为学生营造一个培养创造力、好奇心、冒险、协作能力和设计思维能力的环境。
	4. 学校能为学生营造一个为了促进学生学习而尊重和聆听学生意见和想法的环境。
	5. 学生可以参与培养和促进他们的自信和学习爱好的活动。
	6. 教学的核心理念是以学生为中心。
	7. 通过对教学过程的把控和调整，提高和加深学生对课程知识的理解。
	8. 通过运用数字资源，加深和提高学生参与教学的程度，并激发学生的学习兴趣。

（待续）

（续表）

Cognia K12 和高等教育机构的表现标准	
学习的提高	1. 领导者能够综合多方信息，做出有利于学生和员工成长和发展的决策。
	2. 领导者通过推动教职员工进行科学研究，以促进其自身工作能力的提高。
	3. 领导者通过定期评估教学计划和组织环境条件，改善教学行为并促进学生学习。
	4. 校方能够精准地识别学生学业和非学业的多样化的需求，并通过提供适当的教育有效地满足学生。
	5. 学生能够在校方的支持下，获得在未来教育阶段和职业生涯过程中所必需的学术和非学术技能，不断追求个人的目标。
	6. 通过了解学生的需求和兴趣，驱动教学的设计、实施、应用和评估。
	7. 通过综合体系来衡量和评估学生的表现。

附录二　2022 年教育行业重点政策

2022 年是新时代新征程中具有特殊重要意义的一年，学习贯彻党的二十大精神，是贯穿 2022 年党和国家全局工作的主线，教育工作也聚焦在这条主线。《教育部 2022 年工作要点》提出：“落实立德树人根本任务，着力转变观念、守正创新、攻坚克难、守住底线，加快教育高质量发展，推进教育现代化、建设教育强国、办好人民满意的教育，培养德智体美劳全面发展的社会主义建设者和接班人，以实际行动迎接党的二十大胜利召开。”

《2022 要点》中和民办学校密切相关的内容主要有：

1．调研推动《民办学校党建工作重点任务》贯彻落实，指导各地加快推进民办学校章程建设，推动党建有关要求进章程。2．支持和规范民办教育健康发展。持续深化民办教育分类管理改革，发挥民办教育工作部际联席会议制度作用，完善民办学校分类扶持、分类管理的政策举措，指导各地加快出台配套政策。研制民办学校举办者变更管理办法，研制加强对民办学校全方位督导的指导文件，引导民办教育有序健康高质量发展。

除此之外，《2022 要点》也提到了：印发实施《关于构建教育高质量发展体系的指导意见》；重视教育科学研究，加强战略思考和系统谋划，开展有组织的重大教育科研；落实教育优先发展战略地位，坚持国家财政性教育经费占国内生产总值（GDP）比例“不低于 4%”；深入推进“双减”，继续把“双减”工作摆在突出位置、重中之重；加强和改进学校思想工作，实施时代新人培育工程；统筹推进乡村教育振兴和教育振兴乡村工作；推进义务教育优质均衡发展；深化新时代教育评价改革，坚决推进“破五唯”，研制《中学生综合素质评价工作指南》《学生发展指导工作指南》；深化教育督导体制机制改革，推进《教育督导条例》修订，指导各地制定《教育督导问责实施办法》；打造更具国际竞争力的留学教育，改革中国政府奖学金招生培养机制，推进来华留学生国情教育教材和课程建设；发布实施《外籍教师聘任和管理办法（试行）》，启用外籍教师综合信息服务平台。

1.《普通高中学校办学质量评价指南》于 2021 年 12 月 31 日由教育部印发

《评价指南》明确提出，普通高中学校办学质量评价实行学校自评、县级审核、市级全面评价、省级统筹评价和国家抽查监测，并强调要不断完善评价结果运用机制，充分发挥其对全面提高办学质量的引领和促进作用。

2.《中华人民共和国家庭教育促进法》自 2022 年 1 月 1 日起实施

《家庭教育促进法》规定，未成年人的父母或其他监护人负责实施家庭教育；家庭教育以立德树人为根本任务；县级以上人民政府应当制定家庭教育工作专项规划，将家庭教育指导服务纳入城乡公共服务体系和政府购买服务目录。

3.《关于加强教育行政执法深入推进校外培训综合治理的意见》于 2022 年 1 月 25 日由教育部、中央编办、司法部联合印发

这是我国第一个关于校外培训监管行政执法的专门文件，以期加强校外培训监管行政执法工作，不断提升校外培训治理能力和治理水平。

4.《关于深圳建设中国特色社会主义先行示范区放宽市场准入若干特别措施的意见》于 2022 年 1 月 26 日由国家发展改革委、商务部联合发布

《意见》明确提出，教育部和深圳市探索实施中外合作办学项目和不具有法人资格的中外合作办学机构部市联合审批机制；放宽外籍人员子女学校举办者市场准入，允许内资企业或中国公民等开办外籍人员子女学校，促进内资企业吸引外籍人才。

5.《关于建立中小学校党组织领导的校长负责制的意见(试行)》于2022年1月26日由中共中央办公厅印发

《意见》指出，加强党对教育工作的全面领导是办好教育的根本保证，建立中小学校党组织领导的校长负责制是坚持为党育人，为国育才，保证党的教育方针和党中央决策部署在中小学得到贯彻落实的必然要求。

6.《关于进一步做好普通中小学招生入学工作的通知》于2022年3月28日由教育部办公厅印发

《通知》对中小学招生入学工作做出部署。在规范报名信息采集方面，要求各地健全义务教育入学报名登记制度，按照材料非必要不提供、信息非必要不采集原则，提前明确、广泛宣传报名登记所需材料、报名时间和办理方式。

7.《关于指导推进家庭教育的五年规划(2021–2025年)》于2022年3月31日由全国妇联、教育部等11个部门印发

《规划》把构建覆盖城乡的家庭教育指导服务体系、健全学校家庭社会协同育人机制、促进儿童健康成长确立为今后一个时期家庭教育发展的根本目标，推动"十四五"时期家庭教育高质量发展。

8.《新时代基础教育强师计划》于2022年4月2日由教育部等八部门印发

《计划》提出，到2025年，建成一批国家师范教育基地，形成一批可复制可推广的教师队伍建设改革经验，培养一批硕士层次中小学教师和教育领军人才。

9.《中华人民共和国职业教育法》于2022年4月20日由十三届全国人大第三十四次会议公布

《中华人民共和国职业教育法》由中华人民共和国第十三届全国人民代表大会常务委员会第三十四次会议修订通过，自2022年5月1日起施行。

10.《中小学法治副校长聘任与管理办法》自 2022 年 5 月 1 日起施行

《中小学法治副校长聘任与管理办法》进一步规范中小学法治副校长的聘任与管理，健全学生权益保护机制，促进未成年人健康成长。

11.《责任督学“双减”实地督导工作指引》于 2022 年 7 月由国务院教育督导委员会办公室印发

《工作指引》注重督学要点引导，督促指导学校加强作业管理、提高课后服务水平、提升教育教学质量，推进“双减”督导“一号工程”落实落细。

12.《中小学校财务制度》于 2022 年 7 月 14 日由财政部、教育部印发

《制度》进一步规范中小学校财务行为，加强财务管理和监督，坚持勤俭办学，提高资金使用效益，促进中小学校健康发展。

13.《关于进一步完善中小学岗位设置管理的指导意见》于 2022 年 9 月 2 日由人力资源社会保障部、教育部印发

《指导意见》内容主要包括健全教师岗位等级设置，编写岗位说明书，实行县域统筹管理，规范开展岗位竞聘等。

14.《关于进一步加强全国职业院校教师教学创新团队建设的通知》于 2022 年 9 月 22 日由教育部办公厅印发

《通知》提出，各地职校要着力打造一批德技双馨、创新协作、结构合理的创新团队，加快职业教育和“双师型”教师队伍高质量发展，为全面提高复合型技术技能人才培养质量提供强有力的师资支撑；“双师型”教师占比不低于 50%。

15.《中华人民共和国职业分类大典（2022 年版）》于 2022 年 9 月 28 日由人力资源和社会保障部发布

与 2015 年版大典相比，新版在保持八大类不变的情况下，净增了 158

个新的职业，职业数达到了 1,639 个。

16.《关于做好职业教育“双师型”教师认定工作的通知》于 2022 年 10 月 25 日由教育部办公厅印发

《通知》明确以职业学校的专业课教师（含实习指导教师）为主，坚持把师德师风作为衡量“双师型”教师能力素质的第一标准，强化对思想政治素质和师德素养的考察。

附录三　2022 年中国国际教育十大事件

2022 年是中国国际教育持续推进规范化发展的一年，总体上看，基础教育、高等教育、职业教育稳步发展。国家和各省市推出、鼓励和引导政策，因时因地施策。出国留学、外籍人员子女学校、外教管理新规出台，新版课程方案落地；中国香港科技大学（广州）、柬埔寨中国国际学校建成开学；国际化特色学校总量持续增长……

1．2022 年中国国际化特色学校数量增长

根据顶思教育数据，2022 年中国（不含港澳台地区）新增 36 所国际化特色学校，增长率下降至 2.6%。新增校中占比最高的依然为国际化特色民办学校，为 61%，其次为外籍人员子女学校，占比为 25%。

2．广州持续开展教育国际化窗口学校建设

2022 年 1 月 19 日，广州市教育局印发实施《广州市教育对外开放“十四五”规划》，提出到 2025 年创建不少于 50 所普通中小学校为教育国际化窗口学校建设单位，探索打造 1–2 个国际教育创新样板区。在推动普通高中国际化办学规范化发展方面，《规划》要求清晰界定各类高中阶段国际化办学性质，理顺管理权限，推动现有普通高中“国际部”“国际课程实验班”转型；新增一批优质的具有国际化特色的民办学校，规范化治理提供国际课程的民办非学历培训机构；探索普通高中和社会培训机构引进国际课程的认证和准入管理制度，统筹规划，加强国际课程引进评估和教材审查。

3．外籍人员子女学校迎来办学新机遇

2022 年，多地出台外籍人员子女学校鼓励政策。2022 年 1 月，国家发展改革委、商务部印发《关于深圳建设中国特色社会主义先行示范区放宽

市场准入若干特别措施的意见》，提出放宽外籍人员子女学校举办者市场准入。2022 年 5 月，合肥市政府印发了《合肥市加快提升城市国际化水平行动方案（2022–2025 年）》，该方案提出，到 2025 年，合肥新增 3 所外籍人员子女学校。此外，在 2022 年的新增国际化特色学校中，广州、武汉、北京、成都、东莞等地共计 10 所外籍人员子女学校落地开学，增速创历史新高。

4．教育部拟出台外教管理新规与信息平台

《教育部 2022 年工作要点》在第 32 条“推进高水平教育对外开放”中提出：发布实施《外籍教师聘任和管理办法（试行）》，启用外籍教师综合信息服务平台。2022 年 10 月，外籍教师综合信息服务平台进入公开招标阶段，根据招标信息，外籍教师综合信息服务平台包括外籍教师资质审查、外籍教师基本信息管理和外籍教师社会查询模块，平台将与科技、公安、人社等部门通过平台实时信息共享，面向教育行政部门对外籍教师基本信息进行日常管理，同时，社会公众可进行外籍教师基本信息社会查询。

5．新版《义务教育课程方案和课程标准》发布

2022 年 3 月 25 日，教育部印发《义务教育课程方案和课程标准（2022 年版）》，包含新修订的义务教育课程方案和语文等 16 个课程标准，于 2022 年秋季学期开始执行。“新课标”优化了课程设置，整合小学原品德与生活、品德与社会和初中原思想品德为“道德与法治”，进行九年一体化设计；改革艺术课程设置，一至七年级以音乐、美术为主线，融入舞蹈、戏剧、影视等内容，八至九年级分项选择开设；科学、综合实践活动开设起始年级提前至一年级；落实中央要求，将劳动、信息科技及其所占课时从综合实践活动课程中独立出来。“新课标”改革重点主要体现在强调素养导向，优化课程内容组织形式和突出实践育人三个方面。

6．首届世界职业技术教育发展大会

首届世界职业技术教育发展大会于 2022 年 8 月 19 日至 20 日在天津举办。大会以“后疫情时代职业技术教育发展：新变化、新方式、新技能”

为主题，通过线上线下相结合的方式举办，包含开幕式、主论坛、14 个平行论坛、闭幕式。大会同期举办首届世界职业院校技能大赛、世界职业教育产教融合线上博览会，并发布筹建世界职业技术教育发展联盟的倡议，形成“会、盟、赛、展”的职业教育国际交流合作崭新平台和范式。本次大会是我国政府首次发起并主办的国际性职业教育大会。来自全球 123 个国家约 700 名代表注册参会。

7. 北京将国际学校作为人才高地建设的重要支撑

北京全力以赴建设高水平人才高地。截至 2022 年 9 月，北京共推动 1.1 万套国际人才公寓、23 所国际学校、8 家国际医院、18 个外国人服务站点建设，努力构建开放包容的国际化环境，解决一批国际化人才关注的突出问题。

8. 柬埔寨中国国际学校正式开学

2022 年 9 月，海外第一所中国特色国际学校——柬埔寨中国国际学校正式开学，招收初中和高中阶段学生，涵盖在柬的中资企业子女和华侨华人子女，以及部分柬埔寨籍的学生。柬埔寨中国国际学校是经柬埔寨教育部批准的第一所以中文基础教育课程为核心的 K12 学历制教育国际学校。学校由柬埔寨中资企业和当地华人华侨社团共同筹建，于 2021 年 8 月 3 日获得柬埔寨教育部批准，在柬埔寨首都金边正式成立。在此之前，巴西里约中国国际学校、马来西亚中国国际学校、迪拜中国学校已经相继落成并开学。

9. 中国香港科技大学（广州）开始招生

2022 年 9 月，香港科技大学（广州）正式开学。香港科技大学（广州）是《粤港澳大湾区发展规划纲要》及《南沙方案》颁布实施以来成立的首家具有独立法人资格的内地与香港合作的办学机构。根据教育部相关文件，该校开展本科和硕博士层次教育，按照国家统一招生政策规定招收本科生，依照香港科技大学（广州）及香港科技大学的毕业要求，颁发香港科技大学（广州）毕业证书、学士学位证书及香港科技大学学士学位证书，依据有关规定及学校的毕业要求实施香港科技大学硕士学位和博士学位教育，颁发香港科技大学硕士学位和博士学位证书。自2023年起，学校开始招收港澳台本科学生。

10.《出国留学经费管理办法》修订版发布

2022年10月19日，财政部、教育部发布《出国留学经费管理办法》修订版，规范出国留学经费管理，提高资金使用效益。《办法》明确，出国留学经费资助对象主要包括高级研究学者、访问学者、博士后、博士生、硕士生、本科生、赴国际组织实习人员；支出范围包括学费或研修费、奖学金、艰苦地区补贴、一次往返国际旅费、签证费、优秀自费留学生奖学金等。

后　记

本书作为中国教育学会国际教育分会和顶思国际教育研究院的重要合作成果，编写工作历时一年，几经会议探讨和修改后定稿。我们试图用更敏锐的视角、更翔实的数据、更清晰的脉络，为您呈现我国国际教育在教育改革新时代的当下和未来。

在写作过程中，我们参考了教育部、国家统计局各类政策文件、公报，各省市的相关部门文件，各类权威媒体信息等资源，同时利用顶思国际教育研究院深耕行业多年积淀的各类数据资源，以及在行业咨询调研中形成的研究框架和分析模型等，涓流成海，最终汇集成这本记录行业发展的用心之作。

参与本书编写的人员包括：

编委：

张东升　中国教育学会国际教育分会秘书长

苑大勇　中国教育学会国际教育分会副秘书长

徐康乐　顶思国际教育研究院院长

编写团队：

王小栋　　　　第一章　国际教育发展的新环境与新征程

付沿名　　　　第二章　国际教育行业数据与分析

马晓平、李　成　第三章　国际化特色学校有序发展

李东玉、巫　锐　第四章　全球胜任力概念模型建设与本土实践案例

苑大勇、熊恩顺　第五章　国际教育未来发展与展望